# Caderno pedagógico para o Ensino Religioso

## Identidades e alteridades

**Dados Internacionais de Catalogação na Publicação (CIP)**
**(Câmara Brasileira do Livro, SP, Brasil)**

Caderno pedagógico para o ensino religioso : identidades e alteridades : com roteiros de atividades : (Ensino Fundamental) / organização Sérgio Rogério Azevedo Junqueira, Marilac Loraine Oleniki, Francine Porfirio Ortiz. – 1. ed. – Petrópolis, RJ : Vozes, 2023. (Coleção Cadernos Pedagógicos para o Ensino Religioso)

Bibliografia.
ISBN 978-65-5713-807-6

1. Catequese – Igreja Católica – Ensino bíblico 2. Ensino religioso (Ensino Fundamental) 3. Pedagogia I. Junqueira, Sérgio Rogério Azevedo. II. Oleniki, Marilac Loraine. III. Ortiz, Francine Porfirio.

23-151006 CDD-371.07

Índices para catálogo sistemático:
1. Ensino religioso : Ensino fundamental 371.07

Aline Graziele Benitez – Bibliotecária – CRB-1/3129

Sérgio Rogério Azevedo Junqueira
Marilac Loraine Oleniki
Francine Porfirio Ortiz
(Organizadores)

# Caderno pedagógico para o Ensino Religioso

## Identidades e alteridades

Com roteiros de atividades
para o Ensino Fundamental

EDITORA
VOZES
Petrópolis

Rua Frei Luís, 100
25689-900 Petrópolis, RJ
www.vozes.com.br
Brasil



---

*Editoração*: Rafaela Milara
*Diagramação*: Ana Maria Oleniki
*Revisão gráfica*: Jhary Artiolli
*Capa*: Editora Vozes

ISBN 978-65-571-3807-6

Este livro foi composto e impresso pela Editora Vozes Ltda.

# SUMÁRIO

## Parte II – Roteiro de atividades



Esta unidade temática contempla apenas esses anos de ensino, conforme a BNCC.

# APRESENTAÇÃO

O Ensino Religioso é um componente do currículo brasileiro, introduzido, oficialmente, em 1827 com a denominação de Doutrina da Religião Catholica[1], sendo que a designação que utilizamos atualmente foi registrada, a princípio, em 1879, no Projeto de Reforma da Instrução Pública de Leôncio de Carvalho[2]. No período Republicano, localizamos a presença do Ensino Religioso na legislação brasileira desde 1931 para as escolas públicas; entretanto, nas escolas denominadas confessionais, a presença desse componente sempre foi uma constante forma de divulgar, entre os estudantes, a concepção religiosa que as identifica como pertencentes a uma determinada tradição.

Somente em 2017, dois fatos significativos definiram a história desse componente curricular. O primeiro refere-se à confirmação e ao reconhecimento, pelo Supremo Tribunal Federal (STF), de dois modelos específicos para o Ensino Religioso: o não confessional e o confessional[3].

---

1 "Art. 6º – Os professores ensinarão a ler, escrever, as quatro operações de arithmetica, pratica de quebrados, decimaes, proporções, as noções, mais geraes de geometria pratica, a grammatica da lingua nacional, e os principios de moral christã e da doutrina da religião catholica e apostolica romana, proporcionados a compreensão dos meninos; preferindo para as leituras a Constituição do Império e a historia do Brasil [...]" (IMPÉRIO DO BRASIL. Documentos complementares do Império do Brasil (15 de outubro de 1827). *In*: BONAVIDES, P.; AMARAL, R. *Textos políticos da história do Brasil*. V.1. Brasília: Senado Federal, 1996, p. 142).

2 "Art. 4º O ensino religioso nas escolas primárias de 1º grau do município da Corte constará das seguintes disciplinas: instrução moral, instrução religiosa, leitura, escrita [...]" (BARBOSA, R. Reforma do ensino secundário e superior. O Projeto de Reforma da Instrução Pública de Leôncio de Carvalho n. 7.247, de 19 de abril de 1879. *In*: OBRAS COMPLETAS de Rui Barbosa. V. IX, 1882, tomo I. Rio de Janeiro: Ministério da Educação e Saúde, 1942).

3 BRASIL, STF *conclui julgamento sobre ensino religioso nas escolas públicas*. Supremo Tribunal Federal, 2017. Disponível em: https://portal.stf.jus.br/noticias/verNoticiaDetalhe.asp?idConteudo=357099&ori=1. Acesso em: 26 jan. 2023.

O segundo foi a homologação da Base Nacional Comum Curricular (BNCC)[4] em 2017, documento normativo que define o conjunto progressivo de aprendizagens essenciais a serem desenvolvidas ao longo da Educação Básica. Esse documento foi publicado em sua versão final em 2018, apresentando como a progressão das aprendizagens está estruturada em cada componente a partir de um conjunto de habilidades relacionadas a diferentes objetos de conhecimento, que são organizados em unidades temáticas. O Ensino Religioso, portanto, também se sistematiza em uma estrutura composta por unidades temáticas, objetos de conhecimento, competências e habilidades. Assim, pode-se afirmar que, pela primeira vez, o Ensino Religioso foi estruturado de modo a se vislumbrar *o que ensinar* e *como ensinar*. Nesse processo, um marco expressivo foi a definição de quem é o professor de Ensino Religioso – licenciado em Ciências da Religião[5].

Visando à sistematização e ao aprofundamento sobre esse componente curricular no cenário brasileiro, foi realizada uma série de publicações. Inicialmente, com a perspectiva de identificar o processo de formação do componente, citamos a obra "O processo de escolarização do Ensino Religioso no Brasil" (Vozes, 2002). Para a compreensão da história e da legislação, dos fundamentos do processo de ensino-aprendizagem, dos referenciais para a formação e a atuação na pesquisa e nos diferentes espaços escolares, o "Compêndio do Ensino Religioso" (coedição entre as editoras Sinodal e Vozes, 2017) destacou-se como uma síntese importante.

---

4 BRASIL. Ministério da Educação. Conselho Nacional de Educação. *Resolução CNE/CP n. 02, de 22 de dezembro de 2017*. Institui e orienta a implantação da Base Nacional Comum Curricular, a ser respeitada obrigatoriamente ao longo das etapas e respectivas modalidades no âmbito da Educação Básica. Brasília: MEC, [2017]. Disponível em: http://basenacionalcomum.mec.gov.br/images/historico/RESOLUCAOCNE_CP222DEDEZEMBRODE2017.pdf. Acesso em: 2 mar. 2023.

5 BRASIL. *Resolução n. 05, de 28 de dezembro de 2018*. Institui as Diretrizes Curriculares Nacionais para o curso de licenciatura em Ciências da Religião e dá outras providências. Brasília: MEC; CNE, 2018.

Citamos, ainda, a obra "O Ensino Religioso na BNCC: teoria e prática para o Ensino Fundamental" (Vozes, 2020), que favoreceu o aprofundamento sobre a relação entre esse componente e a BNCC.

Nesse contexto de organização dos estudos e de aprofundamentos necessários para a prática pedagógica, apresentamos a coleção de **Cadernos pedagógicos para o Ensino Religioso** como uma ferramenta para contribuir e explicitar a aplicação metodológica desse componente. Esta coleção propõe relações teórico-práticas para que as habilidades propostas na BNCC possam ser desenvolvidas ao longo da escolarização em Ensino Religioso nas instituições brasileiras.

O **Caderno pedagógico para o Ensino Religioso: identidades e alteridades – volume 2** é o primeiro de três publicações sobre esse componente no Ensino Fundamental. Como a Base Nacional Comum Curricular propõe, esse componente curricular precisa estar organizado de acordo com as seguintes unidades temáticas: 1) Identidades e alteridades; 2) Manifestações religiosas; e 3) Crenças religiosas e filosofias de vida. Neste volume, na Parte I, propomos, para a unidade temática "Identidades e alteridades", textos que contribuem para a formação do professor e roteiros com atividades para o desenvolvimento dessa proposta junto aos estudantes.

Como componente curricular, o Ensino Religioso se organiza a partir das orientações indicadas para os processos de ensino-aprendizagem a se realizarem em ambientes pedagógicos, que possibilitam ampliar experiências e desenvolver as diferentes dimensões humanas: afetiva, motora, cognitiva, social, religiosa, imaginativa, lúdica, estética, criativa, expressiva e linguística. Diante disso, compreende-se que, sendo a escola um espaço de construção coletiva de conhecimentos, é necessário desenvolver uma proposta pedagógica que possibilite a articulação dos conteúdos com as vivências e as indagações dos estudantes e dos professores, contemplando a realidade em que vivem. Nesse contexto formativo de ensino-aprendizagem, o objetivo desse componente curricular consiste em buscar

> [...] construir, por meio do estudo dos conhecimentos religiosos e das filosofias de vida, atitudes de reconhecimento e respeito às alteridades. Trata-se de um espaço de aprendizagens, experiências pedagógicas, intercâmbios e diálogos permanentes, que visam ao acolhimento das identidades culturais, religiosas ou não, na perspectiva da interculturalidade, dos direitos humanos e da cultura da paz (BRASIL, 2018, p. 433).

Nesse processo, é importante ter sempre presente que um componente curricular se compõe de saberes elaborados pela humanidade, sendo enriquecido pelas referências do mundo e da realidade em que o estudante está inserido. Portanto deverá apresentar especificidades e saberes próprios, construídos e sistematizados cultural e historicamente, fazendo-se necessário contemplar os eixos cognitivos que compõem a sua denominação como componente curricular, quais sejam: dominar linguagens; compreender os fenômenos; construir argumentação e elaborar propostas. Recorrendo-se aos conhecimentos desenvolvidos, portanto, busca-se favorecer o enfrentamento das situações considerando a diversidade sociocultural[6].

Com a intenção de fundamentar essa leitura do Ensino Religioso no Ensino Fundamental, propomos o seguinte percurso: a estrutura da Base Nacional Comum Curricular para o Ensino Fundamental – Anos Iniciais e Finais; o diálogo do Ensino Religioso com as Ciências da Religião na perspectiva pedagógica; o perfil do sujeito desse segmento – de seis a quatorze anos; e o percurso metodológico do Ensino Religioso

6 INSTITUTO NACIONAL DE ESTUDOS E PESQUISAS EDUCACIONAIS ANÍSIO TEIXEIRA. *Matriz de referência para o Enem*. Brasília, DF: Ministério da Educação, 2009.

para o Ensino Fundamental. Com esses capítulos, são apresentados os elementos essenciais desse componente curricular, segundo o modelo não confessional, de modo a atender tanto às escolas públicas que o adotam quanto às privadas.

A partir dessa fundamentação, propomos dois capítulos que estabelecem a sua relação com os espaços em que o Ensino Religioso ocorre, inicialmente nas escolas públicas. Para isso, apresentamos reflexões sobre o Sistema de Ensino, indicando a quem cabe, segundo a legislação, a orientação sobre o conteúdo e o corpo docente específico, e sobre a relação entre o Ensino Religioso e a Pastoral Escolar na educação confessional católica (desambiguação, distanciamentos e interfaces). Nesse último capítulo de fundamentação, a reflexão adentra o espaço das escolas privadas confessionais, especificamente as católicas, que, apesar de assumirem a proposta de um Ensino Religioso *não confessional*, ainda precisam explicitar a sua identidade, a sua razão de existirem.

Este caderno apresenta, ainda, na Parte II, **roteiros de atividades** elaborados com base nos objetos de conhecimento propostos para a primeira unidade temática do Ensino Fundamental: **identidades e alteridades**. Os roteiros descrevem maneiras de estabelecer a interação com e entre os estudantes, visando ampliar as suas capacidades de aprendizagem, ao contribuírem com o aprofundamento dos conhecimentos e, também, favorecerem a sua participação, levando-os a se reconhecerem enquanto protagonistas de suas aprendizagens para que

> [...] valorizem e acolham o caráter singular e diverso do ser humano, por meio da identificação e do respeito às semelhanças e diferenças entre o eu (subjetividade) e os outros (alteridades), da compreensão dos símbolos e significados e da relação entre imanência e transcendência (BRASIL 2018, p. 438).

Os roteiros de atividades são compostos pelas seguintes seções:

- **Observação**: contempla aspectos da realidade associados aos objetos de conhecimento e, portanto, de aprendizado. A observação pode ser realizada a partir de questionamentos, de uma reflexão contextualizada e associada a uma situação-problema ou não. Trata-se de uma primeira etapa para analisar o cenário, examinando aspectos do objeto em estudo. Na observação, exploram-se as informações iniciais e o conhecimento de cada estudante sobre a realidade relacionada ao objeto de estudo.
- **Identificação e análise**: define os aspectos que precisam ser conhecidos e compreendidos, ou seja, o que é o objeto de conhecimento e quais são as variáveis determinantes a situações, fatos, acontecimentos e outros aspectos que o compõem ou estão associados a ele. Após a identificação, faz-se a análise para propiciar suporte teórico-acadêmico que subsidiará a compreensão do que estiver sendo observado e explorado. Assim, o estudante pode compreender as situações e os problemas em uma abrangência maior, e não somente a partir de manifestações baseadas nas suas experiências. Entende-se que as reflexões sobre uma situação e seu referencial teórico permitem abordar diferentes formas de operacionalizar o objeto de conhecimento, explorando aspectos semelhantes e divergentes por meio de diversificados fundamentos e mecanismos de resolução que, associados a uma situação-problema, permitem construir conhecimentos.
- **Apropriação e significação**: é a mobilização didática entre teoria e prática que impulsiona a dinâmica ação-reflexão-ação, a qual pode levar a uma ação criativa e transformadora. Essa prática se realiza por meio de atividades e reflexões que conduzem à apropriação e à ressignificação dos saberes. Para isso, agrega-se um conjunto de informações empíricas, técnicas e científicas que, ao serem utilizadas para desenvolver o conhecimento, progressivamente estimularão a compreensão dos aspectos próprios de cada

tradição religiosa, levando a rever ou (re)confirmar crenças, valores e conceitos prévios, aprofundar, mudar paradigmas e construir novos conhecimentos.

- **Atividade avaliativa**: o Ensino Religioso utiliza a avaliação processual oferecendo aos estudantes condições para que possam desenvolver competências mediante percepções diferenciadas sobre um mesmo dado social e religioso, num processo constante de construção e reconstrução de conhecimentos. Nesse sentido, são propostas atividades avaliativas para contribuir na verificação da aquisição de conceitos e desenvolvimento de competências e habilidades. A atividade avaliativa permite o acompanhamento do processo de ensino-aprendizagem, relevando os aspectos essenciais à formação integral.

Este **Caderno Pedagógico para o Ensino Religioso** é composto pela contribuição de muitas pessoas que atuam como educadores e pesquisadores, sendo cada uma muito especial e importante. Nós, organizadores, agradecemos a colaboração, que permitiu tornar realidade esta coleção, e, especialmente, a confiança no projeto como uma possibilidade à prática docente. Também agradecemos aos leitores e lhes desejamos que, com este material, possam contribuir para que muitos estudantes ampliem as suas habilidades.

*Sérgio Rogério Azevedo Junqueira*
*Marilac Loraine Oleniki*
*Francine Porfirio Ortiz*
Organizadores

# PREFÁCIO

Gilberto Garcia Gonçalves [7]

Este volume da **Coleção Cadernos Pedagógicos para o Ensino Religioso**: identidades e alteridades, dá prosseguimento ao propósito da Editora Vozes de lançamento de um conjunto de ferramentas para auxiliar na aplicação metodológica do componente curricular Ensino Religioso para o Ensino Fundamental, inscrito na Base Nacional Comum Curricular (BNCC). Com essa função, este volume traz, em seu conteúdo, textos e roteiros de atividades para a unidade temática Identidades e alteridades, a primeira dentre as três unidades temáticas do componente curricular em apreço. Decomposto em duas partes, o volume reúne, na primeira delas, um conjunto de estudos e reflexões que aborda temas pedagógicos para a formação docente em seu desempenho didático sobre o componente curricular.

É com essa finalidade que, no primeiro artigo, Roberta Valéria Guedes de Lima, destaca a relevância das Diretrizes Curriculares Nacionais Gerais da Educação Básica (DCNs), de 2013, para a compreensão do fundamento da Base Nacional Comum Curricular (BNCC), sobretudo naquilo que as Diretrizes apontam como habilidades básicas pretendidas nesse período de escolarização: o desenvolvimento, por parte do estudante, da capacidade de representação e da compreensão da realidade que o cerca.

A autora também ressalta as correlações entre competências e habilidades pretendidas na BNCC, quando a Base pontua o desenvolvimento de competências a partir da articulação das habilidades e

7 Doutor em Filosofia pela Universidade Federal do Rio de Janeiro (UFRJ). Reitor da Universidade São Francisco (USF). Presidente do Conselho Editorial da Editora Vozes. Membro do Conselho Editorial da Revista de Filosofia Scintilla do Instituto de Filosofia São Boaventura, da FAE - Centro Universitário. Professor adjunto doutor da Universidade São Francisco. Participa de conselhos e comissões de Educação Superior em Associações Brasileiras de Educação.

organiza essa conexão de maneira progressiva, das mais simples para as mais complexas, em cada etapa da aprendizagem do estudante. Por fim, seu artigo especifica como o Ensino Religioso está organizado no texto da BNCC em objetivos, habilidades e competências a serem desenvolvidos no processo de ensino-aprendizagem no Ensino Fundamental e indica a importância das Ciências da Religião como base epistemológica do componente curricular Ensino Religioso.

Nessa perspectiva, oportuno é o estudo apresentado por Sérgio Junqueira e Welder Marchini, intitulado "O Ensino Religioso e as Ciências da Religião na perspectiva pedagógica", que leva o leitor a compreender o modo como o Ensino Religioso estuda a religião com vistas a estabelecer uma relação entre Ciências da Religião e Ensino Religioso: uma integração do conhecimento à prática pedagógica, mediada pelo conceito de transposição didática. O Ensino Religioso se torna um componente curricular com o objetivo pedagógico de promover habilidades e competências dirigidas à convivência com as diferentes tradições religiosas e filosofias de vida, identificando a religião como uma característica da condição humana que afeta a vida do indivíduo e suas relações sociais. Um estudo da religião, portanto, numa perspectiva cultural, e não teológica.

O conceito de transposição didática, apresentado pelos autores, acentua a ideia da adaptação de um discurso científico, com linguagem acadêmica, para uma fala acessível própria do ambiente escolar. Considerando o cenário plural de uma escola, o Ensino Religioso contribuiria para ampliar o entendimento das manifestações e práticas religiosas, mediado por uma transposição didática adequada a articular conhecimentos e planejar ações que correlacionem práticas religiosas e a vida social como um todo. Alia-se a esse fato a necessidade de ampliação da formação e profissionalização de docentes em Ciências da Religião como garantia da construção e desenvolvimento de um componente curricular de Ensino Religioso autônomo e científico.

Sob o título "Ensino Fundamental e seus sujeitos", Sonia de Itoz e Sérgio Junqueira focalizam as características fundamentais dos sujeitos da etapa do Ensino Fundamental e as respectivas práticas pedagógicas do Ensino Religioso. Considerando que a maioria das crianças desenvolve determinadas habilidades em idades aproximadas, postulam que no componente curricular Ensino Religioso é fundamental a construção de práticas pedagógicas que mobilizem pensamento e linguagem em benefício da formação de pessoas abertas ao diálogo, ao respeito e à convivência com o diferente na construção da dimensão religiosa.

O texto de Marilac Oleniki e Sérgio Junqueira, "Metodologia do Ensino Religioso para o Ensino Fundamental", privilegia a ideia de um processo educacional que culmine no compromisso do estudante com a humanização e a transformação da sociedade. Para tanto, o diálogo entre professores, estudantes e sociedade deve acontecer junto a um movimento didático-pedagógico que proporcione ao estudante o aprendizado de si, do outro e do mundo. É nesse contexto que os autores debatem a metodologia do Ensino Religioso para o Ensino Fundamental e sublinham o valor desse componente curricular no desenvolvimento de competências e na educação integral do estudante. Acentuam, portanto, o papel do Ensino Religioso como parte da formação básica do cidadão.

A análise do papel do Sistema de Ensino na formação do professor é o foco do artigo de Ângela Maria Holanda. Nessa perspectiva, ela destaca a relevância da instituição de um Sistema Nacional de Educação (SNE) em regime de colaboração e organização do ensino no âmbito da União, dos estados, DF e municípios como condição essencial para o desenvolvimento de políticas eficazes de inclusão, equidade e qualidade social da educação brasileira. As bases para esse Sistema estão alicerçadas na Constituição Federal e na Lei do PNE 2014-2024. O papel do Sistema Nacional seria o de articular, normatizar, coordenar e regulamentar o ensino público e privado, sendo o garantidor das finalidades, diretrizes e estratégias educacionais comuns, por meio do financiamento dos sistemas de ensino públicos.

A abordagem das bases legais do Sistema Nacional de Educação é um propósito desenvolvido pela autora para fundamentar a necessidade da formação pública e continuada dos professores e de sua valorização. Ela salienta que essa formação inicial e continuada deve incluir, de modo especial, a formação de profissionais de Ensino Religioso. Nesse sentido, ganha referência a BNCC, quando esta correlaciona a ideia da formação continuada dos professores aos aspectos que definem o conjunto de aprendizagens a serem assimiladas pelos estudantes: competências específicas dos componentes curriculares e os direitos de aprendizagem ligados aos objetivos do conhecimento desenvolvidos na Educação Básica. Esse aspecto, por si só, já legitima a importância da constituição de um Sistema Nacional de Educação que assegure, em regime do colaboração, a valorização e a formação de professores e que contribua para o avanço na superação dos desafios da educação no Brasil.

Com o conceito de desambiguação, Gregory Rial tematiza os fundamentos e relações possíveis entre o Ensino Religioso, como componente curricular, e a Pastoral Escolar na escola católica no Brasil. Nesse empenho, o autor chama a atenção para o aspecto e o lugar distintos da Pastoral Escolar na escola confessional, identificando nela um caráter próprio de missão evangelizadora, cuja atribuição é inalienável. Traz, a seguir, para a discussão o conceito de identidade confessional, cuja práxis, como Pastoral Escolar, evidencia seu valor e visão pedagógico-evangelizadora. Distingue-a, portanto, de uma experiência religiosa de caráter geral da existência humana em favor de uma experiência e identidade religiosa específica: a fé católica, com seus princípios e valores. Ao somar a tarefa evangelizadora à sua função na formação cultural e humana, a escola católica assume, como ele próprio declara, uma fusão identitária da escola como espaço pedagógico complexo que nem se reduz à função de simples transmissora de conhecimento, nem ao papel de doutrinadora religiosa.

Ao tratar especificamente do componente Ensino Religioso na BNCC, o autor afirma o caráter ainda aberto de discussão acerca de seus conteúdos. Acentua, ainda, a coexistência de pensamentos variados sobre finalidade, competências, habilidades, matrizes curriculares, referenciais teóricos e linhas pedagógicas em torno do Ensino Religioso. Adiante, acrescenta um possível dilema para as escolas católicas, que consiste na decisão institucional pela escolha de um Ensino Religioso confessional, por um lado, e como esse conteúdo definido poderá se alinhar à proposta identitária da mesma escola, por outro lado. Conclui com o entendimento de que, para o caso da escola católica, Ensino Religioso nem é Pastoral Escolar, nem Pastoral Escolar é Ensino Religioso. Ambos são domínios que se interpenetram e se complementam.

Com muito sucesso, este segundo volume da coleção **Cadernos Pedagógicos para o Ensino Religioso** se complementa, em uma segunda parte, com a apresentação de roteiros de atividades baseados nos objetos de conhecimento propostos para a unidade temática Identidade e alteridades, a primeira proposta pela BNCC para o Ensino Fundamental. Esses roteiros descreverão, com riqueza, criatividade e inovação, formas de estabelecer a interatividade com os estudantes de modo dialógico e participativo. Os roteiros de atividades são divididos em seções denominadas, respectivamente: observação, identificação e análise, apropriação e significação, avaliação.

Ao entregar esta série aos professores de Ensino Religioso, a Editora Vozes espera contribuir para a discussão continuada entre educadores e entidades ligadas ao Ensino Religioso sobre a importância desse componente curricular na Educação Básica; sobre a necessidade da formação profissional para sua docência; sobre o valor do uso de ferramentas pedagógicas criativas na aplicação metodológica do componente curricular Ensino Religioso; e sobre a demanda do aprimoramento teórico constante de sua fundamentação na Base Nacional Comum Curricular.

Aos educadores e pesquisadores que participaram desta edição, o nosso cordial agradecimento.

# Parte I

# Estudos e reflexões para o Ensino Religioso

1

# BNCC: UMA PROPOSTA PARA O ENSINO FUNDAMENTAL

Roberta Valéria Guedes de Lima[8]

*Para entender a Base Nacional Comum Curricular (BNCC) do Ensino Fundamental é importante partir da compreensão das Diretrizes Curriculares Nacionais (DCNs), uma das regras a serem seguidas pelo sistema de ensino brasileiro.*

As DCNs são a norma da Educação Básica que embasa o planejamento curricular das instituições de ensino das redes pública e privada. Sua gênese encontra-se na Lei de Diretrizes e Bases da Educação (LDB), tendo sido fixada pelo Conselho Nacional de Educação (CNE) com o objetivo de direcionar as atividades para toda a Educação Básica.

As Diretrizes Curriculares Nacionais determinam as competências e as diretrizes para a Educação Infantil, o Ensino Fundamental e o Ensino Médio, segmentos da Educação Básica brasileira, e orientam a estrutura para a elaboração de currículos e seleção dos conteúdos mínimos que garantem uma formação comum em todo o território nacional. No entanto tais determinações e orientações primam por considerar a diversidade de contextos em que os estudantes estão inseridos e assegurar a autonomia da escola e do seu projeto educativo.

---

8 Doutoranda em Educação pela Pontifícia Universidade Católica de Goiás (PUC Goiás), mestra em Educação (2010) pela Universidade Católica de Brasília (UCB), especialista em Psicopedagogia pelo Centro Universitário e Faculdade Projeção (UniProjeção), especialista em Gestão de Processos Acadêmicos pelo UniProjeção, especialista em Tecnologia Educacional pela Pontifícia Universidade Católica do Paraná (PUCPR) e pela UCB, especialista em Gestão Educacional pela Fundação Universa (Funiversa-UCB), gerente da Câmara de Educação Básica da Associação Nacional de Educação Católica (Anec), membro do Fórum Nacional de Educação (FNE).

Assim, as instituições escolares são incitadas a organizarem os seus currículos cotejando das áreas de conhecimento os conteúdos que melhor atendam à formação das competências, relevando o perfil dos estudantes e as suas necessidades locais.

O Ensino Fundamental, mote de nossa reflexão, é de frequência compulsória. Essa é uma conquista resultante da luta pelo direito à educação realizada nos países do Ocidente ao longo dos dois últimos séculos por diferentes grupos sociais, inclusive os setores populares representados nos movimentos sociais. O direito ao Ensino Fundamental está associado ao exercício da cidadania, uma vez que a educação como processo de desenvolvimento do potencial humano garante o exercício dos direitos civis, políticos e sociais (BRASIL, 2013). Um olhar no gráfico do Ensino Fundamental contribui para melhor entender e relembrar a sua estrutura e a quem se destina.

Ensino Fundamental – 9 anos

Anos Iniciais – do 1º ao 5º ano – estudantes de 6 a 10 anos

Anos Finais – do 6º ao 9º ano – estudantes de 11 a 14 anos

Observando o gráfico, constatamos que os estudantes do Ensino Fundamental são crianças e adolescentes com interesses próprios, relacionados às suas dimensões física, emocional, religiosa, social e cognitiva. Como sujeitos históricos, os estudantes, em sua infância e adolescência, têm as suas características de desenvolvimento relacionadas aos modos próprios de vida e às suas múltiplas experiências socioculturais, necessitando de experiências significativas para ampliar o conhecimento de si mesmos, de seus pares, da sociedade e do mundo em que vivem, processo que lhes permite se assumirem como protagonistas de sua aprendizagem. Para tanto, no Ensino Fundamental, o estudante precisa desenvolver a capacidade de representação, indispensável para a aprendizagem da leitura e dos conceitos matemáticos básicos, assim como para a compreensão da realidade que o cerca, habilidades requeridas nesse período da sua escolarização (BRASIL, 2013).

Nesse estágio do processo educacional, especialmente nos Anos Iniciais do Ensino Fundamental, ocorre o desenvolvimento da linguagem, em que o estudante reconstrói pela memória as suas ações e as descreve, bem como torna-se capaz de planejá-las, favorecendo o desenvolvimento de habilidades que possibilitam a aquisição da leitura e da escrita. Essa aquisição da leitura e da escrita na escola, fortemente relacionada aos usos sociais da escrita nos ambientes familiares, pode exigir do professor dedicação de tempos e esforços diferenciados para atender os estudantes da mesma faixa etária.

Ainda nessa fase, o estudante tem maior acesso a espaços públicos, entre os quais se destaca o escolar como um ambiente que possibilita exercitar o seu convívio com as diferenças, manifestar aspectos da sua cultura, revelar as suas experiências. É nesse espaço que – além de fazerem amigos e aprenderem a ler e a contar – os estudantes aprendem a se comunicar e resolver situações-problema por meio das interações estabelecidas. O Ensino Fundamental – Anos Iniciais é, pois, um período em que se deve ampliar os estímulos à aprendizagem das normas da conduta social, com ênfase no desenvolvimento de habilidades que facilitem os processos de ensino-aprendizagem e aprimorem a convivência e a cooperação (BRASIL, 2013).

Durante o Ensino Fundamental, os estudantes vivenciam a puberdade e se tornam adolescentes. Nesse período, ocorrem transformações biológicas, psicológicas, sociais e emocionais que alteram a maneira como percebem e se posicionam nesse novo mundo repleto de possibilidades. Tais mudanças impactam a forma como os adolescentes passam a estabelecer as suas relações sociais e os laços afetivos com os seus pares. As descobertas e as aprendizagens acerca da sexualidade e das relações de gênero levam à ruptura com a infância e à construção de valores próprios (BRASIL, 2013).

Nesse período, ampliam-se as suas possibilidades intelectuais, o que resulta na capacidade de realizar raciocínios mais abstratos. Gradativamente, os estudantes se tornam capazes de ver as coisas a partir do ponto de vista dos outros, superando o egocentrismo próprio da infância. Essa capacidade de descentração é importante para a construção da autonomia e a aquisição de valores morais e éticos (BRASIL, 2013). Para desenvolver a formação de valores concatenados à construção de conhecimentos, é de vital importância que se apresente uma proposta educativo-pedagógica que valorize o diálogo com as diferenças e promova reflexões sobre a convivência respeitosa. Dessa forma, é necessário que as possibilidades de aprendizagem propiciem o desenvolvimento de habilidades e a formação de valores essenciais ao exercício da cidadania, ao intercâmbio cultural.

Ao se refletir sobre tais aspectos, é essencial ter presente que o currículo do Ensino Fundamental tem um referencial nacional comum, complementado em cada sistema de ensino e em cada estabelecimento escolar por uma parte diversificada. No entanto é importante compreender que a Base Nacional Comum Curricular e a parte diversificada do currículo do Ensino Fundamental constituem um todo integrado, não podendo ser consideradas blocos distintos, o que requer a articulação entre ambas para que seja possível estabelecer uma proposta de ensino capaz de abranger interesses mais amplos, integrando aspectos da formação básica do cidadão na realidade local, das necessidades dos estudantes, das características regionais da sociedade, da cultura e da economia que perpassem todo o currículo da Educação Básica. Essa integração deve garantir aos estudantes aprendizagens que valorizem as suas identidades, priorizando a construção de uma sociedade justa e equânime, para o que se faz necessário ajudá-los a ampliarem as suas percepções do desenvolvimento em âmbito individualizado para o âmbito coletivo, de modo que a participação e a responsabilidade sejam compartilhadas (BRASIL, 2013).

A partir do entendimento das DCNs e do currículo do Ensino Fundamental, é importante compreender o que é a Base Nacional Comum Curricular e a sua estrutura para os Anos Iniciais desse segmento.

A BNCC é um documento de caráter normativo que explicita as aprendizagens essenciais para a Educação Básica, compreendendo os segmentos da Educação Infantil, do Ensino Fundamental e do Ensino Médio. Nela, são definidos os objetivos e os direitos de aprendizagem, determinando-se o que todo estudante deve saber antes de terminar o Ensino Médio, etapa que conclui a Educação Básica. Criada após as DCNs, a BNCC não vem substituí-las, e sim complementá-las, ampliando as suas possibilidades.

As aprendizagens descritas na Base Nacional Comum Curricular envolvem conhecimentos, competências e habilidades que contemplam tanto os aspectos cognitivos como os socioemocionais a serem desenvolvidos ao longo de toda a Educação Básica. Nesse sentido, a implantação da BNCC nas instituições de ensino exigiu adequações nos currículos, nas avaliações, nos projetos educativos, nos materiais didáticos e na formação dos docentes em todo o país. Com relação à formação dos docentes, podemos citar a Base Nacional Comum para a Formação Continuada de Professores da Educação Básica (BNC – Formação Continuada), que apresenta um conjunto de competências profissionais para qualificar os docentes no processo de desenvolvimento tanto das dez competências quanto das aprendizagens essenciais previstas na BNCC para todos os estudantes. O impacto desse documento na formação docente convoca um olhar atento acerca da articulação entre as formações teórica e prática, numa perspectiva de integrar a formação dos profissionais da educação considerando como referencial a Educação Básica e o seu planejamento em consonância com o que se espera realizar ao promover as aprendizagens descritas na Base Nacional Comum Curricular.

A BNCC do Ensino Fundamental – Anos Iniciais valoriza a ludicidade no processo de ensino-aprendizagem e destaca como *sine qua non* a articulação com as experiências vivenciadas na Educação Infantil. É necessário, portanto, considerar o que foi desenvolvido nessa etapa de ensino e como o estudante chega aos Anos Iniciais, identificando quais foram as aprendizagens consolidadas para promover a sua progressão no decorrer dos anos escolares. Sobre isso, encontramos na BNCC (BRASIL, 2018, p. 57-58, grifos do autor) que

> [...] tal articulação precisa prever tanto a **progressiva sistematização** dessas experiências quanto o desenvolvimento, pelos alunos, de **novas formas de relação** com o mundo, novas possibilidades de ler e formular hipóteses sobre os fenômenos, de testá-las, de refutá-las, de elaborar conclusões, em uma atitude ativa na construção de conhecimentos.

Nesse exercício progressivo de experiências é que se pode garantir aos estudantes tornarem-se sujeitos do processo de ensino-aprendizagem. E isso se faz estabelecendo relações com os seus interesses e as suas necessidades, por meio de situações práticas, elaborações individuais ou coletivas, mediadas pelas ações do professor, a fim de propiciar as condições de envolvimento tanto presencial como *on-line*. As situações práticas possibilitam ao estudante aprender a perguntar, investigar, produzir e contribuir, elevando a sua condição de vir a ser protagonista de sua aprendizagem.

É necessário considerar que os estudantes dos Anos Iniciais estão vivendo mudanças importantes em seu processo de desenvolvimento que repercutem em suas relações. Dentre essas mudanças, pode-se destacar a autonomia nos movimentos, permitindo a ampliação de suas possiblidades de deslocamento e a exploração de ambientes e espaços, e o acesso e o uso de múltiplas linguagens (musical, verbal, escrita, matemática, visual, pictográfica etc.) para se comunicar, expressar e manifestar interesses e desejos, participando do mundo letrado e construindo novas aprendizagens, tanto relacionadas ao quesito acadêmico quanto à vida pessoal e social. Nos Anos Iniciais, os estudantes começam a aprender conceitos que serão referenciais durante a Educação Básica, levando-os a ampliarem a sua visão de mundo impulsionados pelo que têm acesso na escola e além de seus muros.

Nesse sentido, para os estudantes do Ensino Fundamental, o ambiente escolar é um espaço de possibilidade ímpar para realizarem o processo em que estabelecem a afirmação de sua identidade em relação ao coletivo no qual se inserem, o que

> [...] resulta em formas mais ativas de se relacionarem com esse coletivo e com as normas que regem as relações entre as pessoas dentro e fora da escola, pelo reconhecimento de suas potencialidades e pelo acolhimento e pela valorização das diferenças (BRASIL, 2018, p. 58).

O Ensino Fundamental, conforme indica a Base Nacional Comum Curricular, é também o período em que os estudantes ampliam as suas experiências para o

> [...] desenvolvimento da oralidade e dos processos de percepção, compreensão e representação, elementos importantes para a apropriação do sistema de escrita alfabética e de outros sistemas de representação, como os signos matemáticos; os registros artísticos, midiáticos e científicos; e as formas de representação do tempo e do espaço (BRASIL, 2018, p. 58).

Assim, os estudantes do Ensino Fundamental, progressivamente, passam a ter contato com uma diversidade de situações que lhes dão acesso a conceitos e fazeres científicos, a partir de observações, análises e argumentações, conduzindo-os a potencializarem descobertas importantes para o seu processo de aprendizagem e desenvolvimento.

O contato com realidades variadas, quando agregadas a experiências pessoais dos estudantes – provenientes do seu contexto familiar, social e cultural; das suas memórias; do seu pertencimento a um grupo; bem como do seu acesso a tecnologias de informação e comunicação –, é um meio que desperta a sua curiosidade e impulsiona à formulação de perguntas. Esse processo desencadeia uma rede de interações que envolvem o pensamento criativo, lógico e crítico, as competências para avaliar respostas, argumentar e interagir com a diversidade de produções culturais. Esse contato possibilita aos estudantes serem sempre mais capazes de ampliar o entendimento das interações que concatenam a compreensão de si mesmos, do mundo natural e social, das relações dos seres humanos entre si e com a natureza (BRASIL, 2018).

As características dessa faixa etária demandam um trabalho do professor para que as atividades pedagógicas se organizem a partir dos interesses manifestados pelos estudantes, muitos deles provenientes de suas vivências para que, ancorados em suas bases, seja possível mobilizar operações cognitivas cada vez mais complexas. Assim, gradativamente, os estudantes podem apreender as compreensões de mundo, expressar saberes sobre ele e atuar nele com cuidado e dedicação no que se refere às suas dimensões pessoal e coletiva. Contribui expressivamente com essa perspectiva a ação pedagógica que oportuniza, no decorrer dos primeiros dois anos do Ensino Fundamental, a apropriação do desenvolvimento das habilidades de leitura e escrita. Esse processo que envolve a alfabetização, ao longo do Ensino Fundamental – Anos Iniciais, favorece aos estudantes, por meio dos diversos componentes curriculares, o desenvolvimento do conhecimento do mundo de modo mais significativo, assim como a progressão e a consolidação das aprendizagens. Essas aprendizagens são, então, resultado da ampliação de práticas do exercício de leitura e escrita e da experiência estética e intercultural que considera os interesses, bem como o que precisam aprender para assegurar o protagonismo de suas aprendizagens e de seu desenvolvimento em diferentes dimensões (BRASIL, 2018).

Portanto, diferentemente do processo proposto para a Educação Infantil, a BNCC do Ensino Fundamental – Anos Iniciais enfatiza a progressão das múltiplas aprendizagens, articulando o trabalho com as experiências anteriores e valorizando as situações lúdicas de aprendizagem. Nessa etapa do processo de ensino-aprendizagem, prima-se por garantir aos estudantes a ampliação da

> [...] autonomia intelectual, a compreensão de normas e os interesses pela vida social, o que lhes possibilita lidar com sistemas mais amplos que dizem respeito às relações dos sujeitos entre si, com a natureza, com a história, com a cultura, com as tecnologias e com o ambiente (BRASIL, 2018, p. 59).

Para que o processo de aprendizagem e desenvolvimento do estudante seja um percurso contínuo, é necessário viabilizar a integração entre as etapas dos Anos Iniciais e Finais do Ensino Fundamental. É possível concretizar isso por meio da elaboração dos currículos e das propostas pedagógicas nas quais se considere realizar adaptações na transição entre os Anos Iniciais e Finais. Para tanto, tendo como referência o professor generalista, aos Anos Finais, deparando-se com professores especialistas para os diferentes componentes curriculares, é necessária a compreensão do impacto que a mudança de estrutura do processo educacional dos Anos Iniciais provoca na vida do estudante, demandando exigências específicas às quais ele precisará atender. Prover as devidas adaptações nessa transição, especialmente no 5º e no 6º ano, poderá evitar rupturas no processo de ensino-aprendizagem.

A partir desses esclarecimentos, podemos compreender melhor a estrutura do Ensino Fundamental, que se organiza em cinco áreas do conhecimento:

1. Linguagens;
2. Matemática;
3. Ciências da Natureza;
4. Ciências Humanas;
5. Ensino Religioso.

Vale destacar que essas áreas foram pensadas, em meio a outros fatores, para favorecer a comunicação entre os saberes dos diferentes componentes curriculares. Assim, cada área do conhecimento possui competências específicas a serem desenvolvidas pelos estudantes no decorrer do Ensino Fundamental, bem como há para cada componente curricular (Língua Portuguesa, Educação Física, Geografia, História, Língua Inglesa, Artes, dentre outros) competências específicas conforme a etapa de ensino – Anos Iniciais e Anos Finais.

A BNCC (BRASIL, 2018, p. 8) define competência como "a mobilização de conhecimentos (conceitos e procedimentos), habilidades (práticas, cognitivas e socioemocionais), atitudes e valores para resolver demandas complexas da vida cotidiana, do pleno exercício da cidadania e do mundo do trabalho". A competência é, portanto, a capacidade do estudante, adquirida ao longo de sua escolarização, de mobilizar recursos, conhecimentos e/ou vivências para resolver questões de sua vida, sabendo agir e buscar soluções para as diferentes situações, tendo como princípio o pensamento crítico e o respeito à diversidade.

Para atender a essas intenções, a BNCC propõe a organização dos componentes curriculares com base em competências gerais e específicas associadas a unidades temáticas que apresentam os seus respectivos objetos de conhecimentos. Estes, por sua vez, relacionam-se com as habilidades que retratam as aprendizagens esperadas em cada processo pedagógico. As competências específicas, tanto das áreas de conhecimento quanto dos componentes curriculares, relacionam-se com as competências gerais. Essa relação se estabelece horizontalmente, de modo que as competências específicas promovem a articulação entre as áreas e integram os componentes curriculares, e verticalmente, na progressão dos Anos Iniciais aos Anos Finais e na continuidade das experiências dos estudantes.

O desenvolvimento de competências se dá a partir da articulação das habilidades, que são organizadas na Base Nacional Comum Curricular de maneira progressiva, ou seja, das mais simples para as mais complexas em cada etapa da aprendizagem do estudante. Com relação às habilidades na BNCC, elas indicam o que aprender a fazer e são sempre associadas a verbos de ação, como: identificar, classificar, descrever, planejar, dentre outros. No contexto escolar, ler e interpretar um texto, apresentar um trabalho e realizar operações matemáticas são exemplos de habilidades que os estudantes desenvolvem ao longo do tempo.

Dessa forma, conforme a BNCC, as atividades previstas aparecem em todas as competências descritas e podem ser organizadas em três grupos, sempre das mais simples para as mais complexas. Na habilidade de identificação, a categoria se relaciona ao reconhecimento e à reprodução de fatos, textos e imagens ou tabelas observadas pelo estudante. Nesse grupo de habilidades, os verbos mais utilizados são: observar, reconhecer, indicar, representar, apontar, identificar e localizar.

No grupo de habilidades de transformação, ao observar e compreender os fatos, os estudantes passam a fazer operações mentais que envolvem a transformação dos dados interpretados. Os verbos associados a esse grupo são: ordenar, medir, calcular por estimativa, compor e decompor, classificar, seriar e conservar.

Por fim, no grupo de habilidades que o professor explora a compreensão dos estudantes serão necessárias, por parte deles, ações mais complexas que envolvem o raciocínio para a resolução de problemas, o entendimento de cenários complexos, a formulação de preposições e diagnósticos, além da capacidade de chegarem a conclusões. Os verbos associados a esse grupo de habilidades exigem que os estudantes tornem-se aptos a: avaliar, analisar, julgar, criticar, explicar causas e efeitos, argumentar, justificar, apresentar conclusões e fazer prognósticos.

Destaca-se, ainda, que, para desenvolver as competências específicas de cada componente curricular e etapa de ensino, é necessário que o professor domine a definição de habilidades e tenha clareza de que elas devem estar relacionadas aos objetos de conhecimento (conteúdos, conceitos e processos) organizados em unidades temáticas. Portanto as habilidades se referem a aprendizagens essenciais de cada componente curricular e ano escolar, definidas por meio de um verbo que, segundo a Base Nacional Comum Curricular, deve explicitar o processo cognitivo envolvido (BRASIL, 2018).

Nesse processo, é significativo compreender que os objetos de conhecimento são os conteúdos, os conceitos e os processos organizados em diferentes unidades temáticas que possibilitam o trabalho multidisciplinar, e são aplicados a partir do desenvolvimento de um conjunto de habilidades. Entende-se que, em cada unidade, são apresentados conteúdos, conceitos e processos abordados nas habilidades previstas, que aparecem como o complemento do verbo. Em Ciências, por exemplo, a habilidade "nomear e representar graficamente partes do corpo humano" está em função de promover o desenvolvimento do objeto de conhecimento "corpo humano". Por sua vez, as unidades constituem os grandes blocos temáticos em que o conhecimento escolar de cada componente se organiza. Assim acontece com o Ensino Religioso do Ensino Fundamental – Anos Iniciais, no qual há três unidades: Identidades e alteridades; Manifestações religiosas; e Crenças religiosas e filosofias de vida.

Após esse sobrevoo, é necessário mencionar que a estrutura da BNCC para o Ensino Fundamental propõe a sua organização com base em dez competências gerais. São elas que favorecem o trabalho pedagógico a ser realizado pelas cinco áreas de conhecimento, já mencionadas, e os seus respectivos componentes curriculares de modo integrado, para concretizar os direitos de aprendizagem e desenvolvimento do estudante, sem, no entanto, deixar de garantir as especificidades de cada componente.

Nesse sentido, cada área do conhecimento prevê competências específicas que determinam como as competências gerais se expressam e serão trabalhadas durante o Ensino Fundamental. As áreas do conhecimento, por sua vez, estão organizadas em um ou mais componentes curriculares – quando apresentam mais de um componente, como é o caso da área de Linguagens, são definidas competências específicas para cada um deles. Assim, para garantir o desenvolvimento das competências específicas a cada componente curricular, há um conjunto de habilidades que estão relacionadas aos diferentes objetos de conhecimento (conceito, conteúdos e processos).

É importante entender que cada habilidade é identificada por um código alfanumérico que indica o segmento de ensino, o ano ou os blocos de anos, o componente curricular e o número da habilidade, determinando a sua sequência para o ano e/ou o bloco de anos. Por exemplo: em EF01ER01, o primeiro par de letras – EF – indica o segmento Ensino Fundamental; o primeiro par de números – 01 – indica o ano ao qual se refere a habilidade; o segundo par de letras – ER – representa o componente curricular; e o último par de números – 01 – indica a posição da habilidade na numeração sequencial do ano. É importante ressaltar que o uso de numeração sequencial é para identificar as habilidades de cada ano/bloco de anos, mas não representa uma hierarquia esperada das aprendizagens.

Entre os componentes curriculares, destaca-se o Ensino Religioso, que, a partir da Base Nacional Comum Curricular, também se constituiu na normativa como uma área do conhecimento. Como as demais áreas, o Ensino Religioso está organizado em objetivos, habilidades e competências que serão desenvolvidos durante o processo de ensino-aprendizagem dos estudantes do Ensino Fundamental.

Destaca-se, ainda, que os objetivos propostos pela BNCC privilegiam uma educação pautada na paz, fundamentando-se na valorização dos Direitos Humanos, no diálogo, na alteridade e no reconhecimento das diferentes identidades como premissas para o Ensino Religioso alicerçado pelas Ciências da Religião.

Nesse sentido, é importante saber que os objetivos do Ensino Religioso, a partir da BNCC (BRASIL, 2018, p. 436), passaram a ser os seguintes:

a) Proporcionar a aprendizagem dos conhecimentos religiosos, culturais e estéticos, a partir das manifestações religiosas percebidas na realidade dos educandos;
b) Propiciar conhecimentos sobre o direito à liberdade de consciência e de crença, no constante propósito de promoção dos direitos humanos;

c) Desenvolver competências e habilidades que contribuam para o diálogo entre perspectivas religiosas e seculares de vida, exercitando o respeito à liberdade de concepções e o pluralismo de ideias, de acordo com a Constituição Federal;

d) Contribuir para que os educandos construam seus sentidos pessoais de vida a partir de valores, princípios éticos e cidadania.

Com relação ao Ensino Religioso na Base Nacional Comum Curricular, destaca-se, ainda, que essa área e componente apresenta um currículo no qual o conhecimento religioso é marcado por uma base científica produzida pelas áreas das Ciências Humanas e Sociais, e, expressivamente, das Ciências da Religião. Nesse sentido, a concepção curricular do Ensino Religioso, ancorada nessas Ciências, investiga o fenômeno religioso enquanto objeto de sua análise, em suas múltiplas manifestações e como parte integrante de diferentes culturas e sociedades.

O Ensino Religioso, assim, apresenta o dever educativo de desmistificar conceitos que, ao longo da história, foram instituídos por interesses políticos e de grupos religiosos, levando a pré-julgamentos que em nada contribuem para o diálogo inter-religioso e ecumênico. Cabe ao professor de Ensino Religioso, portanto, contribuir com a formação de sujeitos críticos e reflexivos, preparando-os para a construção de uma sociedade mais democrática, acolhedora e menos preconceituosa. O Ensino Religioso, enquanto componente que integra o conjunto de saberes necessários à formação básica do cidadão, com base no que a BNCC sinaliza, tem a função educacional de assegurar o respeito à diversidade cultural e religiosa, fomentando aprendizagens de convivência cidadã e guiando as suas práticas pedagógicas segundo princípios éticos e científicos.

## REFERÊNCIAS

BNCC: você sabe a diferença entre competências e habilidades? *Fundação Telefônica Vivo*, 2020. Disponível em: https://www.fundacaotelefonicavivo.org.br/noticias/bncc-voce-sabe-a-diferenca-entre-competencias-e-habilidades/. Acesso em: 3 abr. 2023.

BRASIL. Ministério da Educação. *Base Nacional Comum Curricular (BNCC)*: educação é a base. Brasília: CNE/CEB, 2018. Disponível em: http://basenacionalcomum.mec.gov.br/images/BNCC_EI_EF_110518_versaofinal_site.pdf. Acesso em: 1º maio 2023.

BRASIL. Ministério da Educação. Conselho Nacional de Educação. *Parecer CNE/CEB n. 11/2010, de 7 de julho de 2010*. Sobre as Diretrizes Curriculares Nacionais para o Ensino Fundamental de 9 anos. Brasília: CNE/CEB, 2010.

BRASIL. Ministério da Educação. Secretaria de Educação Básica. Diretoria de Currículos e Educação Integral. *Diretrizes Curriculares Nacionais Gerais da Educação Básica*. Brasília: MEC, SEB, Dicei, 2013.

## SUGESTÕES DE LEITURA

JUNQUEIRA, S.; BRANDENBURG, L.; KLEIN, R. (org.). *Compêndio do Ensino Religioso*. São Leopoldo: Sinodal; Petrópolis: Vozes, 2017.

- Objeto de estudo, objetivos e eixos do Ensino Religioso na Base Nacional Comum Curricular – Eunice Simões Lins e Josilene Silva da Cruz, p. 143-147.
- Laicidade e Ensino Religioso – Rodrigo Oliveira dos Santos, p. 350-358.

SILVEIRA, E.; JUNQUEIRA, S. (org.). *O Ensino Religioso na BNCC*: teoria e prática para o Ensino Fundamental. Petrópolis: Vozes, 2020.

- O Ensino Religioso segundo a BNCC – Sérgio Rogério Azevedo Junqueira e Sonia de Itoz, p. 74-92.
- Diretrizes do Ensino Religioso na Base Nacional Comum Curricular: aportes teóricos e ideias para a prática docente no Ensino Fundamental – Elisa Rodrigues, p. 93-113.

# 2

# O ENSINO RELIGIOSO E AS CIÊNCIAS DA RELIGIÃO NA PERSPECTIVA PEDAGÓGICA

Sérgio Rogério Azevedo Junqueira[9]

Welder Lancieri Marchini[10]

*O Ensino Religioso é, provavelmente, um dos componentes mais complexos do universo escolar. Essa complexidade é epistemológica – visto que existem diferentes modos de estudar religião – e política – pois há diversos interesses na defesa dessas diferentes epistemologias. Sobretudo os pesquisadores das Ciências da Religião[11] se ocupam de entender a relação entre o Ensino Religioso e as Ciências da Religião a partir dessas importantes e urgentes questões (SILVEIRA; SILVEIRA, 2020).*

---

9 Livre-docente em Ciência da Religião (PUC-SP), doutor e mestre em Ciência da Educação pela Universidade Pontifícia Salesiana (Roma – Itália), licenciado em Pedagogia. Membro do Conselho Editorial da Revista de Educação da Associação Nacional de Educação Católica do Brasil (Anec) e da Revista de Pastoral da Anec.

10 Doutor e mestre em Ciência da Religião (PUC-SP), bacharel em Teologia (Itesp), bacharel em Filosofia (PUC-Campinas) e graduando em Pedagogia pela Universidade São Francisco (USF). É professor nos cursos de especialização em Ciência da Religião (PUC-SP) e Religião e Cultura do Centro Universitário Assunção (Unifai), e nos cursos de graduação em Filosofia da Faculdade João Paulo II (Fajopa) e em Teologia pela USF, no qual também exerce a função de coordenador. Trabalha como editor teológico da Editora Vozes.

11 Há uma considerável discussão acerca das variações da nomenclatura Ciências da Religião. Basicamente, há discordância acerca da abordagem e do objeto, sendo que o termo "ciência" diz respeito à abordagem e "religião", ao objeto. Assim, o estudo pode ser entendido pela singularidade de abordagem e do objeto (Ciência da Religião), pela singularidade de abordagem e pluralidade de objeto (Ciência das Religiões), pela pluralidade de abordagens e singularidade do objeto (Ciências da Religião) e pela pluralidade tanto da abordagem quanto do objeto (Ciências das Religiões), concatenando diferentes referências, epistemologias e metodologias (PASSOS, 2007). Aqui, assumiremos o termo "Ciências da Religião", conforme consta no documento de área publicado pela Capes (2019), sem ignorarmos, contudo, que se trata de uma nomenclatura que não traduz a pluralidade religiosa nem considera a construção epistemológica dessa área de conhecimento (COSTA; MARCHINI, 2017).

Este texto pretende se ocupar, no entanto, do entendimento do Ensino Religioso na perspectiva de vir a ser uma transposição didática das Ciências da Religião. Porém essa transposição não acontece sem problemas, pois passa por questões epistemológicas, políticas e metodológicas.

Historicamente, o Ensino Religioso, estabelecido a partir da migração da religião para a escola como uma estratégia de garantir a manutenção de cristandade, foi sendo adaptado, ao longo da história, em decorrência da alteração do cenário educacional e do aprimoramento do projeto pedagógico. Por consequência do percurso de escolarização, o Ensino Religioso passa a ser compreendido a partir de uma leitura pedagógica como se de fato pudesse vir a ser reconhecido como componente curricular, agregando os princípios do processo de ensino-aprendizagem solicitados a todo currículo.

No contexto brasileiro, o Ensino Religioso foi – e, por vezes, ainda é – identificado como "aula de religião". Essa nomenclatura utilizada no período imperial marca a sua história, mesmo que depois – mais especificamente, a partir do governo de Getúlio Vargas (1930-1945) – tenha sido alterada para Ensino Religioso. A identificação desse componente como aula de religião é resultado de sua identidade estar associada ao ensino de uma religião específica que se fez presente na educação pública com características de ensino da doutrina católica. Esse referencial define, para muitos grupos, o Ensino Religioso como um componente que não contribui para a formação de um cidadão de país laico e plural. No entanto, apesar desse entendimento por parte de alguns, reflexões educacionais realizadas a partir da metade da década de 1990, visando à formação integral desses cidadãos, levaram ao início da elaboração de uma proposta pedagógica reunindo pressupostos de ensino e aprendizagem para apresentar o conhecimento religioso como um saber que colabora com a realização da leitura da diversidade religiosa presente no tempo e nos espaços da formação sociocultural brasileira.

Na elaboração dessa proposta, intencionou-se que o Ensino Religioso se inserisse como componente curricular e viesse a constituir a formação dos estudantes, contribuindo ao propor a realização da leitura do religioso de modo a capacitá-los a irem além do entendimento superficial das religiões, de seus gestos, ritos, normas e formulações. Assim, essa proposta tem como intenção preparar os estudantes para interpretarem a realidade à luz dos saberes desse componente e atuarem na sociedade de modo transformador.

Para viabilizar essa proposta, considerou-se que o conhecimento religioso é produzido a partir das diferentes áreas do conhecimento científico das Ciências Humanas e Sociais. No entanto a ciência de referência capaz de assegurar a sua participação na escola como componente curricular são as Ciências da Religião (BRASIL, 2018), isso para corresponder ao ideal de uma escola em que a Educação Básica favorece os princípios da Constituição (1988) e, consequentemente, da Lei de Educação Nacional (Lei n. 9.394/1996), ou seja, para favorecer aos estudantes o acesso ao conhecimento religioso como aspecto necessário à sua formação, de modo que aprendam a viver e conviver em um país laico e plural. Assim, a ciência capaz de habilitar os profissionais para a atuação com esse componente é a Ciências da Religião.

Diante disso, é importante mencionar que o Ensino Religioso, por não ter definida a sua ciência de referência, apresentava-se em uma situação diferenciada quanto aos demais componentes curriculares que, em sua origem, possuem de fato uma ciência de referência a orientar as suas estruturas e definir com maior clareza quais objetos do conhecimento devem ser ensinados nas escolas. Essa relação é resultado de diferentes cursos de licenciatura, a partir dos quais a ciência de referência orienta os conteúdos e a área de educação dos componentes curriculares. Esses profissionais, com os seus cursos concluídos e com as experiências em sala de aula, reconstroem com consistência os seus respectivos saberes realizando uma produção de conhecimento. Nesse processo, configuram-se as possibilidades de realização de transposição didática.

Assim, o Ensino Religioso, ao assumir como sua ciência de referência as Ciências da Religião, tal como os demais componentes da Educação Básica, visa integrar o conhecimento acadêmico à prática pedagógica. Isso requer a realização de determinadas articulações que possibilitem utilizar os conceitos dessa ciência em coerência com as vivências da realidade escolar, o que se faz ao realizar o desenvolvimento de transposição didática em que o conhecimento trabalhado e construído no ambiente escolar tem como referência a sua pesquisa científica acadêmica.

O Ensino Religioso propõe-se a realizar a transposição didática das Ciências da Religião para promover a leitura das práticas e dos costumes religiosos, bem como das religiões, como um fenômeno social, e não apenas uma mera informação descontextualizada. Este texto tem o objetivo, portanto, de apresentar o Ensino Religioso como um componente capaz de estabelecer a transposição didática das Ciências da Religião para a sala de aula. Sendo assim, propõe-se o caminho de compreender o modo como o Ensino Religioso estuda a religião para, então, apresentando o conceito de transposição didática, estabelecer uma relação entre Ciências da Religião e Ensino Religioso.

## Que religião se estuda no Ensino Religioso?

Há diferentes concepções e modelos de Ensino Religioso (PASSOS, 2007), mas aqui não será explorada essa questão. Parte-se aqui do pressuposto do Ensino Religioso que assume como referência as Ciências da Religião.

Nessa perspectiva, é de significativa importância destacar que o Ensino Religioso estuda a religião como fenômeno social e que o seu conceito está associado à definição do filósofo Marco Túlio Cícero (106-46 a.C.), que a identificou usando o termo do latim "*religio*", sendo este vinculado ao termo "*relegere*", que, em português, significa reler. Ao utilizar esse termo, o filósofo propôs que *religio* é o culto aos deuses segundo o costume dos ancestrais e que a melhor religião é a mais antiga, porque está mais próxima dos deuses. *Religio* é, então, o conjunto de crenças e práticas tradicionais próprias de uma sociedade humana particular, que assim honra seus deuses e merece o respeito das demais comunidades.

Com base nessa definição, compreende-se que o uso do termo "*religio*" possibilita o Ensino Religioso remeter-se a realidades religiosas bastante diferentes, visto que viabiliza qualificar sistemas com coerência de crenças e práticas enraizadas na cultura particular de um povo, apesar de esse conceito nada ter de exclusivo. À luz dessa possibilidade, foram estabelecidos os princípios estruturais para o Ensino Religioso como parte da formação básica do cidadão, alicerçados nos princípios da cidadania que reconhecem e respeitam o outro em sua singularidade, compreendidos como essenciais à formação integral do estudante. A inserção do Ensino Religioso como parte da formação básica se deve ao fato de que as expressões religiosas são identificadas ao longo da história em diferentes sociedades, o que faz com que se compreenda o ser religioso como um dado antropológico e cultural.

No substrato de cada cultura sempre está presente a religião; e esta, com suas diversas expressões e manifestações, configura o conhecimento religioso a ser trabalhado no Ensino Religioso como componente curricular. Enquanto componente, o Ensino Religioso busca assegurar o respeito à diversidade cultural religiosa e às verdades próprias de cada maneira de crer ou não, sem qualquer forma de proselitismo (Lei n. 9.394/1996, art. 33). Assim, o Ensino Religioso não atende às perspectivas de confessionalidade ou proselitismo, e tampouco ao eruditismo do conhecimento pelo conhecimento. Trata-se de um componente que possui como intencionalidade pedagógica promover habilidades e competências voltadas à convivência com as diferentes tradições religiosas e filosofias de vida, reconhecendo a identificação da religião como uma característica humana que impacta a vida do indivíduo e as suas relações sociais.

Esse componente curricular insere-se como parte integrante da formação que prepara o convívio social dos estudantes, para que se respeite a tradição religiosa que já trazem de suas famílias e se salvaguarde a liberdade de expressão religiosa de cada um, porque é no respeito mútuo que se cultiva o direito de reverência às divindades próprias de cada religião, em suas muitas formas de expressão cultural. Assim, o estudante se desenvolverá reconhecendo a diversidade como própria das sociedades e das culturas, bem como livre de preconceitos e discriminações, sendo capaz de dedicar empenho pelo entendimento mútuo, visando à paz e à fraternidade.

Desse modo, fica claro que o componente curricular não pretende fazer prosélitos de qualquer tradição religiosa, mas apresenta como finalidade o diálogo e a reverência às manifestações culturais e religiosas, bem como ao direito do ser humano de aderir a uma tradição e a práticas religiosas. O Ensino Religioso é também o componente que viabiliza as condições para refletir sobre os impactos que a religião exerce no ser humano, seja em sua vivência individual, seja nas relações sociais. Como exemplo, pode-se refletir sobre o poder da mobilização associado a crenças pessoais ou coletivas que, ao ser utilizado de modo nocivo, poderá vir a ser objeto de estudo do Ensino Religioso.

É, portanto, por meio dos objetos de conhecimento (conteúdos), sistematizados sequencialmente para respeitar as características próprias de desenvolvimento dos estudantes de cada ano de ensino, que se subsidia o entendimento do fenômeno religioso e se estabelece a relação com as culturas e as tradições religiosas, bem como se torna possível conhecê-las.

Assim, o conhecimento religioso, objeto da área de Ensino Religioso, é produzido no âmbito de referência das Ciências da Religião que viabiliza: proporcionar o conhecimento dos elementos básicos que compõem o fenômeno religioso, a partir das experiências religiosas percebidas no contexto do estudante; subsidiar o estudante na formulação do questionamento existencial, com profundidade, para dar a sua resposta devidamente informado; analisar o papel das tradições religiosas na estruturação e na manutenção das diferentes culturas e manifestações socioculturais; facilitar a compreensão do significado das afirmações e das verdades de fé das tradições religiosas; refletir sobre o sentido da atitude moral, como consequência do fenômeno religioso e da expressão da consciência, e da resposta pessoal e comunitária do ser humano; e apresentar esclarecimentos sobre o direito à diferença na construção de estruturas religiosas que têm na liberdade o seu valor inalienável.

Essa reflexão está inserida na compreensão de cultura, do termo em latim "*colere*", que significa atividade de cultivo, ato ou efeito de cultivar. Por sua vez, cultura é lida a partir do termo alemão "*kultur*" e está relacionada ao desenvolvimento intelectual, ao saber humano, à utilização industrial de certos produtos naturais. Tem também a conotação de estudo, elegância, esmero. O conceito "*kultur*" também está relacionado ao conjunto dos padrões de comportamento, das crenças, das instituições e de outros valores morais e materiais, característicos de uma sociedade, de uma civilização.

Além dessas definições atribuídas à cultura, é possível encontrar definições variadas que se referem a contextos múltiplos nos quais a palavra "cultura" assume vários significados, tais como: conjunto de características humanas que não são inatas e que se criam, preservam-se ou se aprimoram por meio da comunicação e da cooperação entre indivíduos em sociedade; aspectos relacionados à transmissão de conhecimentos, à criação intelectual e artística; processo ou estado de desenvolvimento social de um povo, uma nação, que resulta do aprimoramento de seus valores, instituições, criações etc.; civilização, progresso; saber, instrução; refinamento de hábitos, modos ou gostos; conjunto de códigos e padrões que regulam a ação humana individual e coletiva, que se manifestam em praticamente todos os aspectos da vida (modos de sobrevivência, normas de comportamento, crenças, instituições, valores espirituais, criações materiais etc.); e, por fim, manifestação de um atributo geral da humanidade.

Portanto o ser humano é, essencialmente, um ser de cultura. Esse longo processo de hominização, iniciado há mais ou menos 15 milhões de anos, constituiu-se, fundamentalmente, na passagem de uma adaptação genética ao meio ambiente natural e a uma adaptação cultural. Ao longo dessa evolução, chegamos ao *Homo sapiens*, espécie que se mostrou capaz de formar comunidades em torno de uma capacidade primitiva de comunicação, favorecendo a sobrevivência por meio da transmissão rudimentar da cultura que se formava. As mudanças dessa etapa evolutiva promoveram formas de organização social mais efetivas. A cultura permite aos seres humanos não somente se adaptarem ao seu meio, mas também adaptarem esse meio às suas próprias necessidades e aos seus projetos. Em suma, a cultura torna possível a transformação da natureza.

Esses apontamentos levam a reconhecer que a contribuição das Ciências da Religião na construção do currículo do Ensino Religioso está, sobretudo, no estudo da religião em uma perspectiva cultural, e não teológica. Assim, o estudo da religião se estabelece a partir do estatuto epistemológico e metodológico das Ciências Humanas e Sociais. A religião gera impactos na vida humana e na história da humanidade, de modo a não ser um elemento secundário ou inexpressivo. Estudar a religião e o ser humano religioso, para além da mera opinião dos atores envolvidos ou do proselitismo, torna-se uma tarefa árdua para a qual as Ciências da Religião contribuem oferecendo elementos que orientam a realização desse processo com base em critérios científicos.

## A transposição didática

Nem sempre os pesquisadores de religião pensam na transmissão dos resultados alcançados por suas pesquisas àqueles que não se constituem seus pares. Quando falamos do ambiente escolar, a discussão sobre a socialização e a construção dos saberes se torna ainda mais necessária. As Ciências da Religião, área de pesquisa centenária, ainda não haviam se preocupado com questões próprias da Educação Básica, isso porque a relação dessa área com o Ensino Religioso é relativamente nova e vem da concepção de um ensino laico, mesmo quando acontece em escolas confessionais (SOARES, 2010).

Sobre essas abordagens, faz-se necessário considerar as implicações que envolvem a realização da transposição didática. Quando se trata da transposição didática, é comum que se recorra à imagem de adaptação de um discurso científico, com linguagem acadêmica, para um discurso palatável, próprio do ambiente escolar (VERHAEGHE, 2010). Essa abordagem, contudo, encontra dois problemas. O primeiro se refere ao fato de que a pesquisa acadêmica socializa seus resultados, seja nos artigos científicos, seja nas teses defendidas, mas seus argumentos poderiam ser, por vezes, incompreensíveis por partirem da ideia de comunicar os resultados aos pares, utilizando linguagem e metodologia próprias de determinada área de conhecimento (VERHAEGHE, 2010). O segundo problema estaria na verticalização do conhecimento escolar. Seria a escola um ambiente onde se "transmite" o conhecimento alcançado na academia? Tal concepção impede a escola de ser um espaço de construção conjunta de conhecimento.

Segundo afirma Chervel (1990) ao se referir à transposição didática, os componentes escolares possuem uma autonomia, gerando um conhecimento pedagógico próprio da escola. Por esse motivo, ele faz uma crítica vigorosa à escola, já que esta não pode se contentar em transpor os conteúdos preexistentes e exteriores a ela. Autores do modelo da história dos componentes escolares, por sua vez, compreendem que a escola constrói os seus próprios tipos de saberes ou habilidades, conforme os modos de elaboração e cuja lógica pode ser encontrada dentro dos próprios sistemas educativos. De fato, a construção dos componentes curriculares não envolve meramente "didatizar" o saber científico, pois, no processo de ensino-aprendizagem, outros elementos são considerados. No caso específico do Ensino Religioso, a transposição didática não está só no fato de facilitar a transmissão de conhecimentos teóricos e abstratos para crianças e adolescentes, mas se quer ir além, ou seja, almeja-se favorecer ao estudante o reconhecimento de que o conhecimento religioso, objeto desse componente, determina a maneira como as pessoas se relacionam consigo mesmas, com os outros e com o mundo, influenciando também a dinâmica sociocultural.

A proposta não é vir a ser um pequeno curso de Ciências da Religião para crianças e adolescentes, mas, efetivamente, colaborar para que, a partir dos objetos de conhecimento estudados, se possa compreender como o fenômeno religioso influencia as escolhas e as ações dos sujeitos da população. Portanto, para que, no Ensino Religioso, se realize a transposição didática das Ciências da Religião, faz-se necessário entender as características que envolvem esse processo, de modo que não se torne uma simples transposição do saber científico em objeto de conhecimento para ser apresentado no ambiente escolar.

O Ensino Religioso, para a sua construção estrutural, no que se refere ao processo de ensino-aprendizagem, dialogou e dialoga com os elementos pedagógicos para organizar uma estrutura em que a linguagem e o fenômeno estejam explícitos e, assim, o componente possa oferecer ao estudante condições para saber enfrentar situações, construir argumentações e elaborar propostas, conforme aponta a matriz de referência para o Exame Nacional do Ensino Médio (Enem) de

2009. Isso ocorre de maneira a contribuir para a leitura e a interpretação da realidade, como também para promover a participação cidadã na sociedade, de maneira autônoma.

Diante dessa compreensão, vê-se como necessário organizar esse componente curricular com base em sua ciência de referência, reunindo os pressupostos essenciais ao processo de ensino-aprendizagem para possibilitar a leitura da diversidade religiosa presente na formação sociocultural das sociedades – de modo especial, na sociedade brasileira. Assim, em uma realidade escolar pluralista, o Ensino Religioso pode contribuir para ampliar o entendimento das manifestações e das práticas religiosas ao realizar uma transposição didática capaz de articular conhecimentos e compor o planejamento com ações que contemplem vivências e práticas religiosas relacionadas ao que acontece na dinâmica social e no mundo do trabalho.

A sala de aula é, na escola, um dos espaços onde a educação é sistematizada. Etimologicamente, a palavra "aula" encontra, no latim e no grego, o significado de "palácio", espaço em que o sujeito recebe as suas lições, enquanto o português arcaico indicou a palavra "aula" como o espaço da corte, o palácio real, a sala de honra, dos cortesãos. Posteriormente, "aula" passou a se referir à lição, à exposição didática realizada por um professor. Ela é, com certeza, um ritual repleto de símbolos e significados que acontece na relação entre professor e estudantes, na qual realizam-se os objetivos definidos pela instituição de ensino em seu currículo.

Nesse contexto, é importante observar que o currículo passa a ser compreendido como um conjunto daquilo que se ensina e daquilo que se aprende, tendo como referência uma ordem de progressão, mas podendo se referir para além do que está escrito/prescrito oficialmente. O currículo pode, ainda, ser considerado um processo informal de interação entre aquilo que é deliberado e o que é efetivado, às vezes de maneira transformadora ou até mesmo subvertida. Ao currículo são atribuídas várias denominações e concepções: currículo escrito, currículo como fato, currículo como prático, currículo como atividade, dentre outras. De fato, o currículo é visto como território em que ocorrem disputas culturais, em que se travam lutas entre diferentes significados do indivíduo, do mundo e da sociedade, no processo da formação de identidades. Essa constatação remete, inevitavelmente, a algumas questões: que identidades os atuais currículos estão ajudando a produzir? Que identidades deveriam produzir? Identidades em sintonia com padrões dominantes ou identidades plurais? Identidades comprometidas com o arranjo social existente ou identidades questionadoras e críticas?

Tal proposta somente é possível no contexto, inicialmente, da educação. Nesse percurso, essa reflexão constitui-se como um processo que possibilita ao estudante tornar-se consciente de si mesmo, de seus deveres e direitos, assim como de sua responsabilidade para com a sua comunidade e com o espaço que ocupa, percebendo, gradativamente, a necessidade de estabelecer relacionamentos para constituir a própria autonomia. Nessa perspectiva, a educação é um processo de construção coletiva que se impõe como necessário para o desenvolvimento humano. Pode-se reconhecer que é na incompletude que os indivíduos sempre precisam uns dos outros, pois são inconclusos, estão em evolução, em processo de descobrir novos caminhos; estão inacabados, ou seja, imperfeitos, de modo que precisam identificar as suas potencialidades. Enfim, a educação possibilita ao sujeito tomar consciência para que a autonomia possa ser efetivamente conquistada. Com essa compreensão é que no ato educacional, como uma ação colaborativa, ocorrem o ensinar e o aprender como verso e reverso de uma medalha no percurso de humanização.

Um dos espaços para realizar essa educação voltada ao exercício da cidadania é a escola. É um dos lugares consagrados à formação do indivíduo e à sua integração numa comunidade de iguais. Nesse espaço é possível transcender laços familiares, étnicos ou consuetudinários e criar um sentimento de pertença a uma identidade mais abrangente. Cada escola poderá escolher o seu projeto de educação para forjar espírito crítico, favorecer a escolha de modo autônomo ou permitir padrões de racionalização e burocratização. O problema das finalidades da escola é, certamente, um dos mais complexos e dos mais sutis com os quais se vê confrontada a história do ensino, sendo ainda em parte dependente da história dos componentes curriculares. Pode-se, globalmente, supor que a sociedade, a família e a religião experimentaram, em determinada época, a necessidade de delegar certas tarefas educacionais a uma instituição especializada. A escola deve sua origem a essa demanda de grandes finalidades educacionais que emanam de uma sociedade que não deixou de evoluir. A sociedade levou a escola a produzir, com as épocas e os séculos, comanditários sociais para conduzir, permanentemente, os principais objetivos da instrução e da educação, sob os quais ela mesma se encontra submetida.

Em síntese, cabe observar que a relação entre as Ciências da Religião e o Ensino Religioso é um processo em construção que teve o seu início formalizado em 2006, no 9º Seminário Nacional de Capacitação Profissional para o Ensino Religioso na Pontifícia Universidade de São Paulo (PUC-SP), realizado com o apoio do Departamento de Teologia e Ciências da Religião dessa instituição. Ainda, enquanto processo, encontra na Base Nacional Comum Curricular (BNCC) as orientações pedagógicas para essa relação que contribuem para a realização da transposição didática entre o conhecimento teórico acadêmico e a prática pedagógica do Ensino Religioso na sala de aula. Esse é um movimento em que interagem a teoria e a prática, viabilizando o processo de ensino-aprendizagem. Contudo, é relevante ter presente que a prática do Ensino Religioso é, ainda, um desafio. Ao ter como referência as Ciências da Religião, o trabalho pedagógico encontra apoio para desenvolver as competências e as habilidades que lhes são indicadas na BNCC. Conduzir o ato educativo que envolve ensinar e aprender, portanto, visa propor abordagens que considerem as diferentes realidades e culturas para forjar ao estudante novas formas de ser, agir e existir em um mundo plural e diverso.

## Considerações finais

A educação no Brasil apresenta evidentes desafios, e o Ensino Religioso é um deles. Em muitas escolas, acontece aquilo que podemos chamar de "ensino de religião". Nas escolas confessionais, é comum, e lamentável, que o Ensino Religioso se funda e confunda com a Pastoral Escolar. Construir o Ensino Religioso como um componente autônomo e reconhecido enquanto área de conhecimento passa, necessariamente, pelo reconhecimento de um profissional que seja gabaritado para lecioná-lo. O reconhecimento das Ciências da Religião não basta se os cursos de licenciatura não forem disponibilizados e acessíveis, o que por sua vez acontecerá com mais celeridade quando for assegurado o mercado de trabalho ao profissional das Ciências da Religião.

Somente a profissionalização do docente de Ensino Religioso pode contribuir para a construção do componente como autônomo e científico. E isso não acontecerá se as Ciências da Religião não forem reconhecidas como a área da formação desse profissional. Qualquer outra formação, por mais coerente e séria, implicará outras metodologias e epistemologias. Assim, a História, por exemplo, ocupa-se dos acontecimentos e dos processos históricos que podem envolver as religiões; a Sociologia pode se ocupar da função e da influência social da religião; mas somente as Ciências da Religião buscam entender a religião enquanto tal.

A discussão acerca da relação entre Ensino Religioso e Ciências da Religião por meio da transposição didática é um elemento que pode auxiliar na construção de um ensino laico que realize a sua contribuição para a formação de um estudante capaz de compreender o fenômeno religioso.

# REFERÊNCIAS

ANPTECRE. *Reunião da Assembleia dos Coordenadores da ANPTECRE*. Brasília: ANPTECRE, 2012.

BRASIL. Conselho Nacional de Educação. *Resolução CEB 004/1998*. Brasília: CNE, 1998.

BRASIL. Constituição (1988). Constituição da República Federativa do Brasil. *Diário Oficial da União*, Poder Legislativo. Brasília, DF: 1988. Disponível em: http://www.planalto.gov.br/ccivil_03/constituicao/constituicaocompilado.htm. Acesso em: 2 maio 2023.

BRASIL. Lei n. 9.394, de 20 de dezembro de 1996. Estabelece as diretrizes e bases da educação nacional. *Diário Oficial da União*, Poder Legislativo, Brasília, DF, 23 dez. 1996. Disponível em: https://www.planalto.gov.br/ccivil_03/leis/l9394.htm. Acesso em: 27 abr. 2023.

BRASIL. Ministério da Educação. *Base Nacional Comum Curricular (BNCC)*. Brasília: MEC, 2018. Disponível em: http://basenacionalcomum.mec.gov.br/images/BNCC_EI_EF_110518_versaofinal_site.pdf. Acesso em: 27 abr. 2023.

BRASIL. Ministério da Educação. *Documento de área*: Ciências da Religião e Teologia. Brasília: MEC, 2019. Disponível em: https://www.gov.br/capes/pt-br/centrais-de-conteudo/ciencia-religiao-teologia-pdf. Acesso em: 26 jan. 2023.

BRASIL. Ministério da Educação. *Matriz de Referência do Enem 2009*. Brasília: MEC, 2009. Disponível em: http://portal.mec.gov.br/dmdocuments/matriz_referencia_novoenem.pdf. Acesso em: 26 jan. 2023.

BRASIL. Ministério da Educação. *Parâmetros Curriculares Nacionais:* terceiro e quarto ciclos do Ensino Fundamental – introdução aos parâmetros Curriculares Nacionais. Brasília: MEC/SEF, 1998. Disponível em: http://portal.mec.gov.br/seb/arquivos/pdf/introducao.pdf. Acesso em: 27 abr. 2023.

CHERVEL, A. A história das disciplinas escolares: reflexões sobre um campo de pesquisa. *Revista Teoria & Educação*, n. 2, p. 177-229, 1990.

COLOMB, J. La Transposition Didactique: du savoir savant au savoir enseigné. Notes critiques. *Revue Française de Pedagogie*, n. 76, v. 1, 1998.

CORTELAZZO, I.; ROMANOWSKI, J. *Estudo sobre a aula*. Curitiba: Mimeo, 2011.

COSTA, M. O.; MARCHINI, W. L. Confusões e demarcações: um estudo tipológico das produções de eventos acadêmicos de Ciência da Religião e Teologia no Brasil. *Sacrilegens*, Juiz de Fora, v. 14, n. 1, p. 08-30, jan./jun. 2017. Disponível em: https://periodicos.ufjf.br/index.php/sacrilegens/article/view/26964/18645. Acesso em: 12 jan. 2023.

ERN, E.; AIRES, J. A. Contribuições da história das disciplinas escolares para a história do ensino de Ciências. *Revista Educação & Realidade*, Porto Alegre v. 32, n. 1, p. 91-108, jan./jun, 2007. Disponível em: https://seer.ufrgs.br/index.php/educacaoerealidade/article/view/6662/3978. Acesso em: 27 abr. 2023.

FRACARO, E.; GILZ, C.; JUNQUEIRA, S. Cultura material escolar e Ensino Religioso: um caminho para a formação do professor de Ensino Religioso. *Revista Diálogo Educacional*, Curitiba, v. 9, n. 26, p. 181-195, jan./abr. 2009.

JUNQUEIRA, S.; WAGNER, R. *O Ensino Religioso no Brasil*. 2. ed. Curitiba: Champagnat, 2011.

KUHN, T. S. *A estrutura das revoluções científicas*. São Paulo: Perspectiva, 2010.

LEITE, A. F. P. A forma escolar e a produção das disciplinas escolares como objeto de investigação sócio-histórica. *Revista Escritos Educacionais*, São Paulo, v. 4, n. 2, p. 1-11, dez. 2005.

LIBANIO, J.; MURAD, A. *Introdução à Teologia*: perfil, enfoques, tarefas. 8. ed. São Paulo: Loyola, 2007.

PASSOS, J. D.; USARSKI, F. (org.). *Compêndio de Ciência da Religião*. São Paulo: Paulinas, 2013.

PASSOS, J. D. *Ensino Religioso*: construção de uma proposta. São Paulo: Paulinas, 2007.

RIES, J. *A Ciência das Religiões*: história, historiografia, problemas e método. Petrópolis: Vozes, 2019.

RODRIGUES, E. M. F.; GILZ, C.; JUNQUEIRA, S. R. A. Cultura material escolar e Ensino Religioso: um caminho para a formação do professor de Ensino Religioso. *Revista Diálogo Educacional*, Curitiba, v. 9, n. 26, p. 181-195, jan./abr. 2009. Disponível em: https://www.redalyc.org/pdf/1891/189115658013.pdf. Acesso em: 27 abr. 2023.

SILVEIRA, E. S.; SILVEIRA D. D. S. Ciência(s) da Religião: um quadro de referências para o Ensino Religioso. *In*: SILVEIRA, E. S.; JUNQUEIRA, S. *O Ensino Religioso na BNCC*: teoria e prática para o ensino fundamental. Petrópolis: Vozes, 2020, p. 39-73.

SOARES, A. *Religião e educação*: da Ciência da Religião ao Ensino Religioso. São Paulo: Paulinas, 2010. (Coleção Temas de Ensino Religioso).

SOUZA JÚNIOR, M.; GALVÃO, A. M. de O. História das disciplinas escolares e história da educação: algumas reflexões. *Revista Educação e Pesquisa*, São Paulo, v. 31, n. 3, p. 391-408, dez. 2005. Disponível em: https://www.scielo.br/j/ep/a/Gd49ZSgJ4KF8fMRYRkBTvjN/?format=pdf&lang=pt. Acesso em: 27 abr. 2023.

VERHAEGHE, J-C. *et al*. *Praticar a epistemologia*: um manual de iniciação para professores e formadores. São Paulo: Loyola, 2010.

VIDAL, D. G. No interior da sala de aula: ensaio sobre cultura e prática escolares. *Revista Currículo sem fronteiras*, São Paulo, v. 9, n. 1, p. 25-41, jan./jun, 2009.

## SUGESTÕES DE LEITURA

SILVEIRA, E.; JUNQUEIRA, S. (org.). *O Ensino Religioso na BNCC*: teoria e prática para o Ensino Fundamental. Petrópolis: Vozes, 2020.

- Ciência(s) da Religião: um quadro de referências para o Ensino Religioso – Emerson Sena da Silveira e Dayana Dar'c e Silva da Silveira, p. 39-73.

3

# O ENSINO FUNDAMENTAL E OS SEUS SUJEITOS

Sonia de Itoz[12]

Sérgio Rogério Azevedo Junqueira[13]

*Cada criança tem o seu próprio ritmo de desenvolvimento. Em alguns casos, há certas variações desse desenvolvimento que podem ser até grandes, sem adquirirem sentido de anormalidade ou fatores de preocupação. Todavia, a maioria das crianças desenvolve determinadas habilidades em idades muito aproximadas.*

Na área do Ensino Religioso, práticas pedagógicas que mobilizem pensamento e linguagem são fundamentais para a formação de pessoas abertas ao diálogo, ao respeito e à convivência com o diferente na construção da dimensão religiosa. No entanto percebe-se a necessidade de dar especial atenção também à sensibilidade e à sociabilidade, reconhecendo-as como imprescindíveis para que o desenvolvimento da socialização se realize de tal maneira que todo o processo de aprender a ser, a conhecer, a fazer e a viver com os outros se viabilize.

12 Mestra em Educação pela Pontifícia Universidade Católica de São Paulo (PUC-SP) e graduada em Filosofia pelas Faculdades Associadas do Ipiranga (FAI) e em Teologia pela Faculdade de Teologia Nossa Senhora da Assunção. É pesquisadora do Instituto de Pesquisa e Formação Educação e Religião (IPFER), coordenadora de Ensino Religioso e de Pastoral Escolar no Colégio Emilie de Villeneuve (SP) e pesquisadora do IPFPER. Autora de livros, artigos e materiais de Ensino Religioso e Pastoral Escolar.

13 Livre-docente em Ciência da Religião (PUC-SP), doutor e mestre em Ciência da Educação pela Universidade Pontifícia Salesiana (Roma – Itália), licenciado em Pedagogia. Membro do Conselho Editorial da Revista de Educação da Associação Nacional de Educação Católica do Brasil (Anec) e da Revista de Pastoral da Anec.

Ao se pensar no desenvolvimento do estudante do Ensino Fundamental, é importante considerar que os sujeitos dessa etapa de ensino apresentam-se na faixa etária, em média, de seis a quatorze anos. Nessa idade, nos Anos Iniciais, os estudantes vivem o estágio de desenvolvimento pré-operatório, entre dois e sete anos, segundo a Teoria da Epistemologia Genética de Jean Piaget (1896-1980). Nesse estágio, observa-se a dificuldade de apreender o conceito de reversibilidade e de administrar, mentalmente, diferentes variáveis na resolução de problemas, obstáculo para formulações lógicas. Esse estudante, portanto, em seu processo de ensino-aprendizagem, pode precisar se apegar ao que é perceptível, a depender da evolução das noções de conservação e reversibilidade. Ainda segundo essa teoria, nesse período, por volta dos seis ou sete anos, o estudante estará em um processo de transição entre esse estágio e o próximo, denominado operatório, visto que as coordenações lógicas sustentarão as suas conclusões a partir da compreensão de conservação e reversibilidade. No período pré-operatório, o sujeito se torna capaz de raciocinar logicamente, organizar os pensamentos em estruturas coerentes e também estabelecer relações sequenciais e/ou hierárquicas.

De acordo com Piaget, pode-se dizer que esse sujeito encontra-se no estágio operatório-concreto, em média, dos sete aos onze anos, quando se percebe nele a capacidade organizativa de assimilar, estabelecendo formas mais ricas e integradas de incorporar elementos provenientes do meio aos seus esquemas de aprendizagem já adquiridos.

Nessa perspectiva, os processos cognitivos de assimilação e acomodação viabilizam a evolução do desenvolvimento intelectual que se estrutura a partir dos sentidos, das habilidades motoras e conceituais que levam à capacidade de adaptação e organização do meio. Dito isso, compreende-se que o sistema de operações, uma vez elaborado, constitui um instrumento para a incorporação do mundo físico e social. É a construção dos sistemas de operações relativos à conservação da quantidade, às séries, às classes, aos números, aos espaços, dentre outros aspectos, que permite a compreensão da realidade e a sua nomeação por meio de palavras, na forma utilizada pelo adulto. Destacam-se, ainda, outras habilidades desenvolvidas nesse processo: o pensamento intuitivo que dá lugar a uma forma de pensamento mais ligado à operacionalização; a capacidade de resolver problemas envolvendo os conceitos estudados, podendo operar e efetuar, a partir da manipulação de material concreto; a prontidão para estabelecer relações de causa e efeito (causalidade), embora ainda mantendo a imaginação e a fantasia; a evolução psicogenética das aquisições têmporo-espaciais que permitem uma visão global do passado e do futuro, bem como a memorização das expressões antes, depois, anual, mensal, dentre outras.

Nesse estágio de desenvolvimento, o sujeito encontra-se apto a considerar o ponto de vista do outro e admitir pontos de vista divergentes; usar palavras e símbolos para representar concretamente as suas ideias mentais com compreensão do sentido do símbolo; demonstrar capacidade de antecipação de ações; estabelecer correspondência biunívoca exata; conservar números e demonstrar conservação por meio de agrupamentos a partir da manipulação do grupo; elaborar operações lógico-matemáticas, com maior coordenação e descentração da reversibilidade operatória; generalizar de modo crescente; e outras aptidões.

Na sequência, o estágio operatório formal, a partir dos onze anos, aproximadamente, é acentuado pelas operações abstratas e pela experimentação de hipóteses. A principal tarefa desse período é aprender a pensar tanto a respeito de ideias quanto de objetos. As ideias podem ser classificadas e organizadas. Da mesma forma que os objetos, elas podem ser manipuladas com muito mais flexibilidade. Um dos primeiros passos nesse processo é o estudante entender as suas habilidades de raciocínio relacionando-as a objetos e situações que não viu ou vivenciou diretamente. Assim, em vez de pensar apenas sobre coisas e ocorrências reais, pensa sobre ideias imaginárias e ocorrências possíveis. Observa-se que esse período é marcado pelo desenvolvimento de sentimentos de reciprocidades entre os estudantes, pelo fortalecimento dos grupos, pela ressignificação de valores e comportamentos analisados em sua importância, consequência e influência tanto individual quanto coletiva.

Nesse processo, quanto ao desenvolvimento cognitivo, temos, ainda, a concepção do psicólogo Lev S. Vygotsky (1896-1934) sobre as características humanas não estarem presentes desde o nascimento, tampouco serem resultantes de pressões do meio externo. Elas resultam da interação dialética do ser humano com outros sujeitos e o meio sociocultural em que está inserido. Assim, ao mesmo tempo que o indivíduo transforma o seu meio, a sua realidade, para atender às suas necessidades básicas, transforma-se a si mesmo. O ser humano modifica o seu ambiente por meio do próprio comportamento, e esse ambiente influenciará o seu comportamento futuro. Entende-se que a relação do ser humano com o ambiente não é direta, e sim mediada pelo que se constituem ferramentas auxiliares para a atividade humana.

Essa mediação vem de uma perspectiva sócio-histórica que compreende o desenvolvimento humano a partir daquilo que os sujeitos aprendem nas relações estabelecidas em determinados contextos socioculturais, por meio de elementos mediadores como instrumentos e signos. Os instrumentos se referem àquilo que possibilita ao ser humano ampliar em sua relação com o mundo diversas possibilidades de transformação da natureza. Já os signos se constituem de representações mentais de objetos. Como exemplo, pode-se compreender que uma palavra, quando pronunciada de modo a lhe atribuir um significado social, é um signo porque remete a um significado internalizado de determinado objeto que pode ou não estar diante dos sujeitos no momento. Esse processo é o que configura a capacidade do ser humano de elaborar signos, ou seja, de estabelecer representações mentais que fazem com que a linguagem expresse o processo de pensamentos presente no significado das palavras.

Para Vygotsky, a capacidade de construir representações mentais propicia a relação do sujeito com o meio e colabora no desenvolvimento da linguagem como elemento mediador que permite a comunicação entre os indivíduos, a percepção e a interpretação das situações, dos objetos e dos eventos oferecidos pelo meio. Os processos mentais são fornecidos pela cultura por meio da mediação simbólica, uma reinterpretação de informações, conceitos e significados. A linguagem humana é, portanto, o sistema simbólico fundamental na mediação entre sujeito e objeto do conhecimento visando ao intercâmbio social e ao pensamento generalizado, ordenando a interação com o mundo real e com categorias conceituais cujo significado é compartilhado pelos indivíduos que utilizam a mesma linguagem. Cabe observar que os conceitos são construções culturais internalizadas pelos indivíduos ao longo de seu processo de desenvolvimento. Os atributos necessários e suficientes para definir um conceito são estabelecidos por características dos elementos encontrados no mundo real, selecionados como relevantes pelos diversos grupos culturais.

Para isso, a aprendizagem escolar exerce uma influência significativa sobre o estudante, pois se compõe de elementos externos que abrangem o que Vygotsky chama de mediadores culturais: instrumentos criados pela espécie humana que permeiam, significativamente, a sua relação com as coisas. Entre esses mediadores está o que chamamos de tecnologia, como o computador e a internet, que ao ser apropriado pelo ser humano produz mudanças na forma de perceber, simbolizar e intervir no mundo ao seu redor.

A revisão desses conceitos visa contribuir para o entendimento do desenvolvimento humano para propor um processo de ensino-aprendizagem que considera o estudante e a sua relação ativa com o meio. Portanto, no Ensino Religioso, as teorias de Piaget e Vygotsky colaboram para que o professor identifique os estágios de desenvolvimento de seus estudantes e ofereça condições para aprimorarem os conhecimentos explorados, renovando os seus questionamentos por meio de uma apresentação dos objetos de estudo propostos pela BNCC. De modo coerente com as formas de organização de raciocínio e prontidão de aquisição dos conhecimentos dos estudantes, as abordagens do Ensino Religioso podem se realizar em diálogo com a realidade.

Em continuidade a essa reflexão, é significativo mencionar James Fowler (1940-2015), estudioso que, com sua teoria sobre o desenvolvimento religioso - os estágios da fé - muito contribuiu para a compreensão do desenvolvimento religioso e de sua relação com o desenvolvimento humano. Assim, para cada fase da vida, Fowler propôs um estágio que se apoia no anterior para se desenvolver. Os estágios propostos pelo teórico são: lactância e fé indiferenciada, fé intuitivo-projetiva, fé mítico-literal, fé sintético-convencional, fé individuativo-reflexiva, fé conjuntiva e fé universalizante. Ao longo do Ensino Fundamental, é possível identificar que esses estágios estão relacionados às faixas etárias dos estudantes, por isso destacamos os estágios *fé mítico-literal* e *fé sintético-convencional*, que correspondem a esse segmento de ensino e podem auxiliar as propostas do Ensino Religioso como componente curricular.

O estágio da fé associado ao período de sete a doze anos, identificado por Fowler como fé mítico-literal, refere-se à passagem de uma heteronomia moral para a autonomia. Os mitos e os enredos das histórias são assimilados rigorosamente, sendo importante observar as influências ao redor dos estudantes. É interessante perceber que, embora esse estágio envolva o processo de estabelecer diferenças entre os conceitos de natural e sobrenatural, a imagem que o estudante faz de Deus ainda é antropomórfica. Por esse motivo, Junqueira (1994) sugere certo cuidado com o uso da narrativa de linguagem figurada, como a parábola.

No estágio denominado fé sintético-convencional, a partir dos onze anos, as experiências de mundo da pessoa se ampliam para além da sua vivência familiar, incluindo a sua relação com as mídias digitais. A fé, nessa perspectiva, é o que contribui para proporcionar uma orientação coerente em meio a esse envolvimento mais complexo e diversificado com a realidade a que o sujeito está exposto. Ela é o que viabiliza ao estudante sintetizar valores e informações, elaborando uma base para a sua identidade e acentuando, nesse processo, a característica da convenção. De acordo com Andrade (1997, p. 100), até esse estágio, a pessoa

> [...] deve ser educada em sua religiosidade espontânea. A inclusão de elementos nocionais exige, pelo menos, o estágio sintético-convencional, no qual o sujeito encontra-se apto para aceitar as convenções estabelecidas por uma instituição religiosa.

Nesse sentido, fica claro que não basta o professor selecionar os conteúdos, as estratégias metodológicas e os métodos avaliativos sem conhecer o desenvolvimento do estudante em cada nível de ensino, condição essencial para o entendimento da evolução do pensamento religioso.

Por isso, o Ensino Religioso valoriza o pluralismo e a diversidade cultural presentes na sociedade, de modo a favorecer a compreensão das formas que exprimem a transcendência na superação da finitude humana e que determinam, subjacente, o processo histórico da humanidade. Ainda, cabe a esse componente possibilitar esclarecimentos sobre o direito à diferença na construção de estruturas religiosas, que têm a liberdade como seu valor inalienável.

## REFERÊNCIAS


ANDRADE, R. C. de. *Ética, religiosidade e cidadania*: subsídios psicopedagógicos para professores. Belo Horizonte: Grupo Lê, 1997.

ANTUNES, C. *A construção do afeto*: como estimular as múltiplas inteligências de seus filhos. São Paulo: Augustus, 2000.

BAQUERO, R. *Vygotsky e a aprendizagem escolar*. Porto Alegre: Artmed, 1998.

FOWLER, J. *Estágios da fé*. São Leopoldo: Sinodal, 1992.

JUNQUEIRA, S A. *O desenvolvimento da experiência religiosa*. Petrópolis: Vozes, 1994.

LA TAILLE, Y. de.; OLIVEIRA, M. K. de; DANTAS, H. *Piaget, Vygotsky, Wallon*: teorias psicogenéticas em discussão. São Paulo: Summus, 1992.

ROSA, M. *Psicologia evolutiva*: problemática do desenvolvimento. Petrópolis: Vozes, 1983.


## SUGESTÕES DE LEITURA

JUNQUEIRA, S.; BRANDENBURG, L.; KLEIN, R. (org.). *Compêndio do Ensino Religioso.* São Leopoldo: Sinodal; Petrópolis: Vozes, 2017.

- Desenvolvimento religioso - Edile Maria Fracaro Rodrigues, p. 207-213.
- Aprendizagens básicas no Ensino Religioso nos Anos Iniciais e Finais do Ensino Fundamental - Lourival José Martins Filho, p. 231-238.
- SILVEIRA, E.; JUNQUEIRA, S. (org.). *O Ensino Religioso na BNCC*: teoria e prática para o Ensino Fundamental. Petrópolis: Vozes, 2020.
- Conhecimento religioso: possibilidades de aprendizagem a partir da BNCC - Edile Maria Fracaro Rodrigues, p. 114-133.

4

# METODOLOGIA DO ENSINO RELIGIOSO PARA O ENSINO FUNDAMENTAL

Marilac Loraine Oleniki[14]

Sérgio Rogério Azevedo Junqueira[15]

*A função social da escola consiste em abordar e explorar os conhecimentos históricos e culturalmente desenvolvidos. Esses conhecimentos se tornam significativos ao serem refletidos em um processo de diálogo que envolve professores, estudantes e a sociedade.*

Para esse diálogo, o processo educacional deve ocorrer por meio de um movimento didático-pedagógico que possibilite ao estudante o aprendizado de si, do outro e do mundo, culminando no compromisso com a humanização e a transformação da sociedade.

Dessa forma, a escola exerce a sua função social ao atuar como espaço de formação no qual se enfatiza a relação entre os conhecimentos desenvolvidos, a dinâmica sociocultural e a vida dos estudantes. Para que isso se efetive, as aprendizagens essenciais precisam ser oferecidas ao longo da Educação Básica de modo orgânico e progressivo, asseguran-

---

14 Mestra em Educação pela Pontifícia Universidade Católica do Paraná (PUC-PR), especialista em Psicopedagogia pela Universidade Tuiuti do Paraná (UTP-PR). Diretora da Praemium Consultoria e consultora educacional de Pastoral Escolar e Ensino Religioso. Atua como editora na Editora Vozes e é membro da Equipe de Animação Bíblico-Catequética do Regional Sul II (CNBB).

15 Livre-docente em Ciência da Religião (PUC-SP), doutor e mestre em Ciência da Educação pela Universidade Pontifícia Salesiana (Roma – Itália), licenciado em Pedagogia. Membro do Conselho Editorial da Revista de Educação da Associação Nacional de Educação Católica do Brasil (Anec) e da Revista de Pastoral da Anec.

do aos estudantes o desenvolvimento de competências, habilidades e valores necessários ao seu desenvolvimento e ao exercício de sua cidadania, tornando-os capazes de atuarem mediante as demandas que a vida apresentar (BRASIL, 2018, p. 8). Nesse sentido, a escola desempenha a sua função social tendo em vista a formação integral, promovendo aprendizagens que contemplam as dimensões da vida humana - cognitiva, afetiva, física, social, cultural, religiosa e outras - que corroboram com o desenvolvimento dos sujeitos em sua compreensão e diálogo com a sociedade, com a realidade em que estão inseridos.

Diante do fato de que o conhecimento produzido se torna patrimônio da humanidade, ao compartilhá-lo, a escola passa a ser espaço em que se realiza a construção de saberes, de conhecimentos que, ao serem apreendidos pelos estudantes, garantem o desenvolvimento das suas habilidades, da inteligência nas suas múltiplas interações com o ambiente social e físico (GAUTHIER, 1998; TARDIF, 2014).

A escola é, então, reconhecida por oportunizar o acesso à aprendizagem de conhecimentos sistematizados, construídos e valorizados historicamente como essenciais ao desenvolvimento e à formação integral dos estudantes em suas diferentes faixas etárias. Dentre esses conhecimentos está o religioso, produzido por diferentes culturas e grupos sociais.

O conhecimento religioso é parte da formação básica do cidadão. Sendo assim, enquanto componente curricular, o Ensino Religioso desenvolve, no espaço escolar, esse conhecimento, propiciando acesso "[...] ao reconhecimento da diversidade religiosa no âmbito dos currículos escolares" (BRASIL, 2018, p. 435), como também prima por assegurar o respeito à diversidade cultural e religiosa, compreendendo a diversidade como uma marca da identidade e da cultura brasileira. Cabe observar que as orientações a respeito da diversidade são garantidas na Constituição Federal (BRASIL, 1988) e em inúmeros documentos e pareceres destinados à educação, como a Lei de Diretrizes e Bases da Educação Nacional (LDB) e a Base Nacional Comum Curricular (BNCC).

A presença de diversas culturas, saberes e conhecimentos na escola exige definir encaminhamentos em coerência com as diretrizes e propostas curriculares. Para isso, é preciso compreender que as singularidades desse processo contemplam situações multiculturais. Isso poderá gerar dificuldades relacionadas à disponibilidade de esquemas conceituais e modelos pedagógicos válidos que desbordam de certos contextos para outros, indo muito além da simples clarificação de um conjunto de objetivos e ideias. Na educação escolar, esse processo contempla "as necessidades, as possibilidades e os interesses dos estudantes, assim como suas identidades linguísticas, étnicas e culturais" (BRASIL, 2018, p. 15), enquanto singularidades que devem ser consideradas para a oferta de uma educação equânime, que reconheça as diferentes necessidades dos sujeitos da aprendizagem.

Essa compreensão se associa a um dos objetivos do ensino que consiste em fazer com que os resultados das aprendizagens possibilitem aos estudantes utilizarem os conhecimentos em situações concretas, relacionando a teoria à prática, no ensino adquirido de cada componente.

O Ensino Fundamental, enquanto etapa do processo de ensino-aprendizagem, desempenha um importante papel no desenvolvimento de competências e na educação integral. O Ensino Religioso participa desse processo que, previsto no art. 32 da Lei de Diretrizes e Bases da Educação Nacional (BRASIL, 1996), propõe na escola: o desenvolvimento da capacidade de aprender, tendo como meios básicos o pleno domínio da leitura, da escrita e do cálculo; a compreensão do ambiente natural e social, do sistema político, da tecnologia, das artes e dos valores nos quais se fundamenta a sociedade; o desenvolvimento da capacidade de aprendizagem, tendo em vista a aquisição de conhecimentos e habilidades e a formação de atitudes e valores; o fortalecimento dos vínculos familiares, dos laços de solidariedade humana e de tolerância recíproca em que se assenta a vida social.

Para que isso se concretize, compreende-se como essencial ao Ensino Fundamental proporcionar aos estudantes um processo de formação humana e acadêmica que lhes permita ampliar os aspectos próprios da vida social. Dessa maneira, espera-se que, no seu processo de ensino-aprendizagem, sejam oferecidos aos estudantes condições e conhecimentos que ampliem o seu autoconhecimento, para que saibam "lidar com sistemas mais amplos que dizem respeito às relações dos sujeitos entre si, com a natureza, com a história, com a cultura, com a tecnologia e com o ambiente" (BRASIL, 2018, p. 55).

Essas condições se desenvolvem por meio de metodologias ativas, de modo que o conhecimento compartilhado se torne significativo. O estudante é, então, inserido em um espaço de diversos estímulos que buscam não apenas despertá-lo para novas interações e a criação de conhecimentos, mas para ampliar as possibilidades de suas experiências de aprendizagem por meio de um trabalho pedagógico que: envolva múltiplas linguagens; estimule o raciocínio lógico e crítico; mobilize o desenvolvimento da criatividade; possibilite a imersão no mundo da leitura; explore a sensibilidade estética; oportunize aprender conteúdos em interação com a realidade; e favoreça a construção de conhecimentos em grupo, participando de uma experiência de cooperação e identificação de meios para aplicá-los no dia a dia. Um trabalho pedagógico orientado por esses propósitos visa à expansão do campo de formação para fazer crescer os níveis de autonomia intelectual.

Trata-se de uma proposta educativa que busca assegurar o protagonismo do estudante ao combinar a aquisição de conhecimentos ao seu desenvolvimento. Assim, gradativa e progressivamente, ele pode se capacitar para desempenhar um papel responsável na sociedade a partir de uma visão global dos fatos e dos acontecimentos (NICOLESCU, 2001).

Nos Anos Iniciais do Ensino Fundamental, para atender às expectativas de aprendizagem propostas aos estudantes, a prática pedagógica suscita que a sala de aula ou de aprendizagens se constitua em um ambiente socioafetivo no qual as diferenças sejam acolhidas e respeitadas, permitindo entrelaçar o conhecimento às múltiplas dimensões (cognitiva, afetiva, social, física, cultural, religiosa etc.). Por meio dessa prática, propõe-se o desenvolvimento de competências que viabilizem o aprender a conhecer, a saber fazer, a saber conviver e a saber ser. Essa prática é essencial para garantir ao estudante a compreensão de que os objetos de conhecimento (conteúdos de sua aprendizagem) estejam em interação com os contextos socioculturais, o que é possível realizar fazendo-se uso de metodologias para que se possa interagir, explicar e perceber seus impactos na realidade, compreendendo o mundo.

Na fase de aprendizado dos Anos Finais do Ensino Fundamental, a proposta pedagógica se caracteriza por retomar e ressignificar as aprendizagens realizadas no Anos Iniciais, com a intencionalidade de aprofundar e ampliar o repertório dos estudantes, oferecendo condições e ferramentas de acesso a diferentes conhecimentos e fontes de informação. Nessa etapa, considerando as características relacionadas à faixa etária dos estudantes, cabe à escola promover aprendizagens que contemplem as suas necessidades e os diferentes modos de inserção social, conciliando com elas a proposta dos Direitos Humanos e o diálogo entre as diferentes culturas presentes na sociedade e na escola (BRASIL, 2018). Considerando a importância dessa etapa de ensino, cabe à escola dialogar com a diversidade para realizar a sua proposta educativa, fortalecendo-se "[...] como espaço formador e orientador para a cidadania consciente, crítica e participativa" (BRASIL, 2018, p. 62).

Ao longo desse processo, encontra-se o Ensino Religioso e sua proposta organizada para o Ensino Fundamental com um conjunto de objetivos, competências, unidades temáticas, objetos de conhecimento e habilidades dispostos para desenvolver uma trilha de aprendizagens ao estudante. Espera-se que, assim, o estudante possa conhecer a cultura religiosa presente na realidade sociocultural, reconhecer a importância das tradições religiosas, assim como a sua contribuição e a sua influência nos diversos segmentos (na cultura, na arte, no meio ambiente, na ciência, na saúde etc.), e respeitar as experiências e os saberes das diferentes tradições religiosas e filosofias de vida, identificando-as na diversidade de crenças e modos de ser e viver. Nessa perspectiva, é fundamental organizar o processo de ensino-aprendizagem desse componente de maneira a garantir aos estudantes não apenas o acesso às temáticas religiosas, mas a compreensão de seus significados para realizarem com respeito a leitura da diversidade de expressões e manifestações religiosas presentes na cultura de povos e nações.

A organização do processo de ensino-aprendizagem proposto pelo Ensino Religioso pode favorecer a resolução de problemas complexos ao propiciar conhecimentos que contribuem para "o acolhimento das identidades culturais, religiosas ou não, na perspectiva da interculturalidade, direitos humanos e cultura da paz" (BRASIL, 2018, p. 436).

Pedagogicamente, o conhecimento religioso proposto para ser desenvolvido no Ensino Fundamental estabelece uma organização em três unidades temáticas: Identidades e alteridades; Manifestações religiosas; e Crenças religiosas e filosofias de vida. Essas unidades temáticas são articuladoras para a estruturação do Ensino Religioso enquanto componente curricular. Elas contemplam e demandam uma cosmovisão que favorece a compreensão da estrutura e dos conceitos das religiões. E são elas que estabelecem e explicitam, por meio dos costumes, das tradições e da linguagem, aquilo que influencia as relações sociais.

Nessa perspectiva, os objetivos e as intencionalidades pedagógicas das unidades temáticas do Ensino Religioso são:

- **Identidades e alteridades**: esta unidade temática objetiva que "os estudantes reconheçam, valorizem e acolham o caráter singular e diversos do ser humano, por meio da identificação e do respeito às semelhanças e às diferenças entre o eu (subjetividade) e os outros (alteridades), da compreensão dos símbolos e dos significados e da relação entre imanência e transcendência" (BRASIL, 2018, p. 438).
- **Manifestações religiosas**: esta unidade temática pretende "proporcionar o conhecimento, a valorização e o respeito às distintas experiências e manifestações religiosas e a compreensão das relações estabelecidas entre as lideranças e as denominações religiosas e as distintas esferas sociais" (BRASIL, 2018, p. 439).
- **Crenças religiosas e filosofias de vida**: esta unidade temática visa tratar de "aspectos estruturantes das diferentes tradições/ movimentos religiosos e filosofias de vida, particularmente sobre mitos, ideia(s) de divindade(s), crenças e doutrinas religiosas, tradições orais e escritas, ideias de imortalidade, princípios e valores éticos" (BRASIL, 2018, p. 439).

Essas unidades temáticas também reúnem os objetos de conhecimento, ou seja, os conteúdos, os conceitos e os processos que se relacionam às habilidades que expressam as aprendizagens essenciais a serem asseguradas aos estudantes. A aprendizagem dos objetos de conhecimento do Ensino Religioso descritos na BNCC para o Ensino Fundamental - alimentos, mitos, ritos, símbolos, espaços sagrados, dentre outros - realiza-se por meio de observações, informações, pesquisas e reflexões capazes de possibilitar ao estudante conhecer os saberes religiosos que influenciam e determinam comportamentos pessoais ou de uma coletividade, sem que para isso lhes seja necessário ter ou não uma opção religiosa ou filosofia de vida.

Nesse sentido, o mote do conhecimento religioso, objeto do Ensino Religioso, contempla a busca do ser humano em dar sentido às suas ações, atribuindo significado à vida. As tradições religiosas, portanto, organizam cosmovisões, linguagens, costumes, crenças e outros aspectos que constituem as múltiplas expressões e manifestações que integram a cultura. Assim, ao desenvolver junto aos estudantes os objetos de conhecimento, tem-se como premissa garantir a importância do respeito e da tolerância à luz dos princípios éticos e da cidadania. Compreende-se, então, que a aprendizagem do conhecimento religioso auxilia a capacidade de interpretar a realidade e as próprias vivências, fundamentando-se em uma análise crítica pautada no conhecimento histórico-cultural de diferentes tradições religiosas.

Pode-se dizer que os objetos de conhecimento desse componente abrem caminhos para desenvolver habilidades e competências voltadas ao exercício do diálogo, da interdisciplinaridade e da interculturalidade com a realidade e com as demais áreas do saber. Ainda, pedagogicamente, tem-se como premissa e preocupação acadêmica propor e desenvolver nesse componente competências e habilidades que promovam a sensibilidade, o diálogo, a tolerância e a convivência pacífica com o diferente e com as diferenças. As competências a serem desenvolvidas no Ensino Religioso se colocam, portanto, e principalmente, na compreensão e na construção do respeito e da reverência à pluralidade cultural e religiosa. Assim, para esse componente, as competências propostas na BNCC (BRASIL, 2018, p. 437) são:

1. Conhecer os aspectos estruturantes das diferentes tradições/movimentos religiosos e filosofias de vida, a partir de pressupostos científicos, filosóficos, estéticos e éticos.
2. Compreender, valorizar e respeitar as manifestações religiosas e filosofias de vida, suas experiências e saberes, em diferentes tempos, espaços e territórios.
3. Reconhecer e cuidar de si, do outro, da coletividade e da natureza, enquanto expressões de valor da vida.
4. Conviver com a diversidade de crenças, pensamentos, convicções, modos de ser e viver.

5. Analisar as relações entre as tradições religiosas e os campos da cultura, da política, da economia, da saúde, da ciência, da tecnologia e do meio ambiente.
6. Debater, problematizar e posicionar-se frente aos discursos e práticas de intolerância, discriminação e violência de cunho religioso, de modo a assegurar os direitos humanos no constante exercício da cidadania e da cultura de paz.

Essas competências específicas do Ensino Religioso, no processo da Educação Básica, propõem, primordialmente, desenvolver uma educação para a convivência e a paz, visto que se fundamentam na valorização dos direitos e dos valores humanos, no diálogo, na alteridade e no reconhecimento das diferentes identidades.

O recurso metodológico para desenvolver o processo de ensino--aprendizagem requer abordar os conhecimentos religiosos a partir das propostas das diversas culturas e tradições religiosas, de maneira a garantir ao estudante conhecer e compreender as implicações relacionadas ao conhecimento religioso em estudo. Esse processo demanda estabelecer a pesquisa e o diálogo como princípios mediadores e articuladores que possibilitam, no decorrer do estudo dos objetos de conhecimento, realizar processos de observação, identificação, análise, apropriação e ressignificação de saberes (BRASIL, 2018). Para que isso se efetive, é preciso fazer uma escolha em meio à diversidade de itinerários metodológicos, assumindo para o Ensino Religioso um referencial metodológico que considere os processos anteriormente mencionados para o estudo dos objetos desse componente.

Pensar na metodologia[16] do Ensino Religioso requer do professor atenção a questões como: quais são os objetos de conhecimento a

16 A palavra "metodologia" é derivada de método, do latim *methodus*, cujo significado é caminho ou via para a realização de algo. De acordo com o *Dicionário Aurélio*, "metodologia" possui dois significados: "arte de dirigir o espírito na investigação da verdade" e "aplicação do método de ensino". De modo geral, essas definições associam metodologia a uma ação intencional, sistematizada, que vai em busca de algo, de uma verdade. Uma vez associada à educação, podemos compreender a metodologia como aplicação de diferentes métodos no processo de ensino-aprendizagem.

serem estudados; de que maneira os conteúdos serão desenvolvidos; quais serão os objetivos propostos; em quais anos de ensino serão ministrados; e outras questões pautadas no perfil da instituição e no que ela espera que se realize por meio desse componente. Cabe considerar, também, que a metodologia do Ensino Religioso aplicada nas escolas será mais apropriada se levar em conta as aspirações da escola e a realidade do estudante, sem focar o pressuposto da fé (que resulta na catequese) e da religiosidade (que resulta na educação religiosa), mantendo o seu pressuposto pedagógico (que resulta no estudo da religião). Nessa perspectiva, relevando o que sinaliza a BNCC sobre o processo de ensino-aprendizagem desse componente, apresentamos para reflexão uma possibilidade de itinerário metodológico para desenvolver os objetos de conhecimento propostos ao Ensino Religioso:

- **Observação**: contempla aspectos da realidade associados aos objetos de conhecimento e, portanto, de aprendizado. A observação pode ser realizada a partir de questionamentos, de uma reflexão contextualizada e associada a uma situação-problema ou não. Trata-se de uma primeira etapa para analisar o cenário e o registro das informações acerca do contexto ambiental, examinando aspectos do objeto em estudo. Na observação, é importante propor questões básicas a partir das quais se explorem as informações iniciais e o conhecimento de cada um dos estudantes sobre a realidade relacionada ao objeto de estudo. Deve-se, ainda, levar em conta a possibilidade de incluir atividades práticas de observação como visitas, registros e entrevistas, para se obter informações e levantar dados, opiniões, ideias e sugestões.
- **Identificação e análise**: define os aspectos que precisam ser conhecidos e compreendidos. Constatam-se o que é o objeto de conhecimento e quais são as variáveis determinantes a situações, fatos, acontecimentos e outros aspectos que compõem ou estejam associados ao objeto de conhecimento. A identificação dos pontos essenciais do objeto de conhecimento possibilita realizar partilhas de saberes e reflexões. Após realizada a identificação,

faz-se a análise. Ela norteará implicações que envolvem a vida real e propiciará suporte teórico-acadêmico que subsidiará a compreensão do que estiver sendo observado, explorado.

Nesse processo de análise e identificação aparecem aspectos da observação que podem categorizar características do objeto de conhecimento, como situações-problema ou possibilidades de resolução de conflitos. Assim, ao oferecer o suporte teórico-acadêmico adequado, bem fundamentado e desenvolvido, o professor propicia ao estudante compreender as situações e os problemas em uma abrangência maior, e não somente a partir de manifestações baseadas nas suas experiências, tendo como referencial, principalmente, os princípios teórico-científicos e técnicos que o explicam.

Dessa forma, trazer presente e fundamentar teórico-cientificamente um objeto de conhecimento poderá desencadear operações mentais analíticas que favorecem o desenvolvimento cognitivo dos estudantes envolvidos no processo. Entende-se, assim, que as reflexões sobre uma situação e seu referencial teórico permitem abordar diferentes formas de operacionalizar o objeto de conhecimento, explorando aspectos semelhantes e divergentes a partir de diversificados fundamentos e mecanismos de resolução que, associados a uma situação-problema, permitem construir conhecimentos. Isso pode ser viabilizado por meio do envolvimento pessoal e/ou coletivo, proporcionado por atividades associadas a dados da realidade e à elaboração cognitiva que o objeto de conhecimento possibilita.

- **Apropriação e significação**: configura-se a partir da relação teoria e prática. É a mobilização didática desses dois aspectos que impulsionam a dinâmica ação-reflexão-ação, que pode levar a uma ação criativa e transformadora. Nessa etapa do processo didático-metodológico, exercita-se uma práxis, entendida como prática consciente, informada e intencionalmente transformadora. Essa prática se realiza por meio do desenvolvimento de atividades e reflexões que conduzem à apropriação e à ressignificação dos saberes. Para isso, agrega-se um conjunto de informações empíricas, técnicas e científicas que, ao serem utilizadas para desenvolver o conhecimento, progressivamente, estimularão a compreensão dos aspectos próprios de cada tradição religiosa, levando a rever ou (re)confirmar crenças, valores e conceitos prévios. Os estudantes, então, em vez de se fundamentarem em crenças subjetivas relacionadas aos objetos de conhecimento, passam a desenvolver competências para reformular, aprofundar, mudar paradigmas e construir novos conhecimentos, a partir de dados e circunstâncias concretas.

O objeto de conhecimento, a partir do confronto entre a teoria e a realidade realizado por meio de ação-reflexão-ação, ganha sentido, visto que se realiza uma análise a partir da qual o conhecimento desenvolvido é adquirido de maneira clara, deixando em evidência a sua aplicabilidade à realidade em que o estudante está inserido.

- **Avaliação**: o Ensino Religioso utiliza a avaliação como um elemento integrador entre a aprendizagem dos estudantes e a atuação dos professores na construção coletiva dos conhecimentos. Na forma de avaliação processual, o objetivo maior sempre será estabelecer o diálogo, oferecendo aos estudantes condições para que possam desenvolver competências mediante percepções diferenciadas sobre um mesmo dado social e religioso, num processo constante de construção e reconstrução de conhecimentos. Para tanto, os encaminhamentos avaliativos centram-se na verificação constante do nível de aquisição de conceitos e desenvolvimento de competências e habilidades. Entende-se que a avaliação realizada no Ensino Religioso, portanto, é um instrumento facilitador da aprendizagem, visto que gera possibilidades de reunir informações e identificar o desenvolvimento dos estudantes com relação a conceitos, habilidades e valores. A avaliação é uma ferramenta que indica os objetivos alcançados e quais atividades estão favorecendo ao estudante o seu desenvolvimento. Nessa perspectiva, é uma prática presente no cotidiano escolar por meio da reflexão e do acompanhamento do processo de ensino-aprendizagem, relevando os aspectos essenciais à formação integral.

É importante destacar que há diversas ferramentas e modalidades avaliativas que permitem ao professor analisar o progresso dos estudantes.

Essa reflexão visa contribuir para o entendimento de que, para desenvolver os objetos de conhecimento, tendo em vista as habilidades propostas para o Ensino Religioso, é imprescindível garantir o protagonismo dos estudantes. Isso se faz ao eleger uma proposta metodológica para o processo de ensino-aprendizagem considerando como essenciais as metodologias ativas. Por meio delas, é possível ampliar as possibilidades de aprendizagem em prol da formação analítica, crítica, reflexiva e significativa (KLUCK, 2020). Esses aspectos são essenciais à preparação dos estudantes para o seu exercício de cidadania em diferentes espaços. No Ensino Religioso, muitas são as possibilidades de uso das metodologias ativas, tais como: gamificação, estudos de caso, aprendizagem por problemas, aprendizagem por projetos, sala de aula invertida, seminários, *storytelling* (elaboração de narrativas com base em conteúdos estudados) e outras que oportunizam pensar e interagir com os objetos de estudo, aprimorando habilidades.

Ao realizar escolhas metodológicas, cabe ao professor considerar: a importância de se levar em conta os conhecimentos assimilados anteriormente pelo estudante; a sala de aula como espaço de transposição didática dos conhecimentos necessários ao exercício da cidadania; e a possibilidade de garantir uma aprendizagem ativa e significativa. Ainda, para corresponder ao que intuímos como itinerário metodológico para desenvolver aprendizagens no Ensino Religioso, é vital considerar na prática pedagógica para o ambiente da sala de aula as seguintes capacidades cognitivas, propostas por Diaz Bordenave e Pereira (2011, p. 140-143):

> Capacidade de OBSERVAR
> Inclui as operações: perceber a realidade, descrever situações e adquirir conhecimentos e informações.
>
> Capacidade de ANALISAR
> Inclui as operações: decompor objetos ou sistemas em elementos constitutivos; enumerar qualidades e propriedades; distinguir pontos-chave, relações e partes de um todo, fatores variáveis e parâmetros de uma situação; discriminar elementos de um problema, passos de uma sequência ou processo; aprender taxionomias e tipologias.
>
> Capacidade de TEORIZAR
> Inclui as operações: repensar a realidade; associar, generalizar, inferir, deduzir, construir modelos, formular hipóteses, explicar ou desenvolver conceitos e proposições; pesquisar, extrapolar, predizer, transpor e transformar; interpretar segundo critérios vários.
>
> Capacidade de SINTETIZAR
> Inclui as operações: julgar, avaliar, discutir valores, apreciar, criticar, debater, tomar decisões, resolver problemas.
> Capacidade de APLICAR e transferir o aprendido
> Inclui as operações: planejar, organizar, dirigir, executar, realizar, construir, produzir.

Essas capacidades mobilizam o estudante a construir significados fundamentando-se nas relações que estabelece com os objetos de conhecimento, no processo de entendimento do fenômeno religioso. Tal construção se configura por meio da reflexão e da informação, que de maneira contínua constituem-se partes das interações promovidas pelo exercício pedagógico e metodológico de ensino-aprendizagem, desenvolvendo o papel de elementos estratégicos e articuladores do itinerário metodológico.

Com base nos apontamentos propostos, entende-se que o Ensino Religioso se organiza no mote da formação integral ao propor o conhecimento religioso como referencial necessário à compreensão das expressões e manifestações das culturas e tradições religiosas presentes na dinâmica sociocultural. Essa compreensão visa promover a convivência respeitosa com o diferente e com as diferenças, sendo por meio de uma ação pedagógica propositiva do Ensino Religioso que se oportuniza ao estudante não apenas o que deve *saber*, mas também o que deve *saber fazer*. Com essa proposta, abrem-se as possibilidades de mobilizar o estudante a ampliar o seu olhar e as leituras de si, do outro e do mundo, assumindo como premissa a alteridade e o posicionamento de atuar na sociedade como cidadão capaz de salvaguardar o respeito e os Direitos Humanos mediante as diversidades.

## REFERÊNCIAS

BRASIL. Constituição (1988). Constituição da República Federativa do Brasil. *Diário Oficial da União*, Poder Legislativo, Brasília, DF, 1988. Disponível em: http://www.planalto.gov.br/ccivil_03/constituicao/constituicaocompilado.htm. Acesso em: 2 maio 2023.

BRASIL. Lei n. 9.394, de 20 de dezembro de 1996. Estabelece as Diretrizes e Bases da Educação Nacional. *Diário Oficial da União*, Poder Legislativo, Brasília, DF, 23 dez. 1996. Disponível em: http://www.planalto.gov.br/ccivil_03/leis/L9394.htm. Acesso em: 2 maio 2023.

BRASIL. Ministério da Educação. *Base Nacional Comum Curricular (BNCC)*: educação é a base. Brasília: CNE/CEB, 2018. Disponível em: http://basenacionalcomum.mec.gov.br/images/BNCC_EI_EF_110518_versaofinal_site.pdf. Acesso em: 27 abr. 2023.

DIAZ BORDENAVE, J.; PEREIRA, A. M. *Estratégias de ensino-aprendizagem*. 13. ed. Petrópolis: Vozes, 2011.

FERREIRA, Aurélio Buarque de Holanda. *Dicionário Eletrônico Aurélio Século XXI*. Rio de Janeiro: Nova Fronteira; Lexikon Informática, 1999. Versão 3.0. 1 CD-ROM.

GAUTHIER, C. *Por uma teoria da pedagogia*: pesquisas contemporâneas sobre o saber docente. Ijuí: Unijuí, 1998.

JUNQUEIRA, S.; BRANDENBURG, L.; KLEIN, R. (org.). *Compêndio do Ensino Religioso*. São Leopoldo: Sinodal; Petrópolis: Vozes, 2017.

JUNQUEIRA, S. O arco de Maguerez: uma proposta metodológica para o Ensino Religioso. *In*: SALHEB, G.; REIS, M.; JUNQUEIRA, S. *Amapá, uma experiência afro-brasileira*. Rio Branco: Nepan, 2022.

KLUCK, C. R. Metodologia e didática em face da BNCC. *In*: SILVEIRA, E.; JUNQUEIRA, S. (org.). *O Ensino Religioso na BNCC*: teoria e prática para o Ensino Fundamental. Petrópolis: Vozes, 2020.

NICOLESCU, B. *O manifesto transdisciplinar*. 2. ed. São Paulo: Triom, 2001.

SILVEIRA, E.; JUNQUEIRA, S. (org.). *O Ensino Religioso na BNCC*: teoria e prática para o Ensino Fundamental. Petrópolis: Vozes, 2020.

TARDIF, M. *Saberes docentes e formação profissional*. 17. ed. Petrópolis: Vozes, 2014.

## SUGESTÕES DE LEITURA

JUNQUEIRA, S.; BRANDENBURG, L.; KLEIN, R. (org.). *Compêndio do Ensino Religioso.* São Leopoldo: Sinodal Petrópolis: Vozes, 2017.

- Modelos de Ensino Religioso – Gilbraz de Souza de Moraes Júnior e Mailson Fernandes Cabral de Souza, p. 147-155.
- Metodologias do Ensino Religioso – Valeska Freman, p. 191-195.
- Interdisciplinaridade no Ensino Religioso – Valeska Freman, p. 196-201.
- Ensino Religioso e intolerância religiosa – Marcos Vinícius de Freitas e Reis, p. 366-369.

SILVEIRA, E.; JUNQUEIRA, S. (org.). *O Ensino Religioso na BNCC*: teoria e prática para o Ensino Fundamental. Petrópolis: Vozes, 2020.

- Metodologia e didática em face da BNCC – Cláudia Regina Kluck, p. 134-155.
- Diversidade religiosa e cultural e a Base Nacional Comum Curricular – Marcos Vinícius de Freitas Reis, p. 156-173.

5

# O PAPEL DO SISTEMA DE ENSINO NA FORMAÇÃO DE PROFESSOR

Ângela Maria Ribeiro Holanda[17]

*A instituição de um Sistema Nacional de Educação (SNE) é essencial para a política de organização do ensino nos âmbitos nacional, estadual e municipal, considerando a inclusão, a equidade e a qualidade social da educação brasileira.*

A ausência desse sistema fragiliza a construção da política educacional, visto que as ações não produzem resultados capazes de assegurar o direito constitucional à educação para todos, tampouco com qualidade. A efetivação do Sistema de Ensino (SE) apoia-se na defesa de um projeto nacional de educação norteador da organicidade das políticas e dos programas educacionais no âmbito de um federalismo cooperativo, que busca a superação das desigualdades regionais e locais, sem prescindir da autonomia de cada ente federado.

A implantação do Sistema Nacional de Educação promove a articulação com os órgãos legislativos e executivos de cada ente federado, no estabelecimento de políticas educacionais com diretrizes e estratégias asseguradas nos Planos Nacionais de Educação. Essa articulação facilita a coordenação e o apoio financeiro das ações nos diversos Sistemas de Ensino, para alcançar os princípios e os fins da educação brasileira garantindo a unidade na diversidade.

---

17 Graduada em Pedagogia e especialista em Ensino Religioso, é servidora pública da Secretaria de Estado da Educação do Alagoas (Seduc-AL) e membro do Fórum Nacional Permanente do Ensino Religioso (Fonaper).

Buscar consensos de maneira colaborativa, com cada um dos entes federados, requer a mobilização de forças para atender às demandas articuladas pelas políticas públicas educacionais. Ainda, consolidar o Sistema de Ensino implica executar os objetivos educacionais preconizados nos marcos legais que tratam da educação.

O art. 8º da Lei de Diretrizes e Bases da Educação Nacional (LDB), Lei n. 9.394/1996, atribui à União, aos estados, ao Distrito Federal e aos municípios a sua organização em regime de colaboração com os respectivos Sistemas de Ensino, cabendo à União a coordenação da política nacional de educação, articulando-se com diferentes níveis e sistemas que desempenham função normativa, redistributiva e supletiva em relação às demais instâncias educacionais (BRASIL, 1996).

Dessa abordagem, naturalmente, surgem questionamentos sobre o papel e a compreensão da natureza do Sistema Nacional de Educação e dos Sistemas de Ensino na formação de professores. Destaca-se o questionamento sobre como se efetiva essa formação para a docência do Ensino Religioso.

Para favorecer o entendimento, em nossa reflexão, entende-se como necessário explicitar a ideia sobre "sistema". Segundo o *Pequeno Dicionário Brasileiro da Língua Portuguesa* (FERREIRA, 2000), "sistema" é a disposição das partes ou dos elementos de um todo, coordenados entre si, que funcionam como estrutura organizada. Ainda, de acordo com o Parecer CNE/CEB n. 30/2000, "sistema" provém do grego *systêma*, que significa todo o corpo de elementos. É uma composição de *syn* (em latim, *cum*; em português, "com") e *ístemi* (estar ao lado de), por isso o "sistema" são elementos convivendo dentro de um mesmo ordenamento, num conjunto de normas articuladas (BRASIL, 2000).

Evidencia-se, nessas concepções, a necessidade do alinhamento de decisões políticas, administrativas e pedagógicas que dão suporte à implantação e à implementação de um Sistema Nacional de Ensino. A consolidação do SNE é importante para a definição de estratégias e objetivos coletivos que se constituem como respostas a uma luta histórica da sociedade e dos profissionais da educação, em vista de uma educação equitativa para todos.

Nesse processo, o viés político do Sistema de Ensino está presente quando as decisões se orientam para o cumprimento das determinações legais instituídas nas políticas de formação, currículo e avaliação da aprendizagem. No campo administrativo, por sua vez, o SE é o gerenciador organizacional da implementação dessa política. Por fim, o viés pedagógico é observado quando o SE orienta para o desenvolvimento de práticas curriculares e metodológicas que consolidam o tripé da gestão educacional – acesso, permanência e percurso escolar –, sustentando a discussão das políticas educacionais asseguradas no decênio dos Planos Nacional, Estadual e Municipal de Educação.

O Sistema de Ensino é um conjunto de campos de competências e atribuições voltadas ao desenvolvimento da educação escolar que se materializam em instituições, órgãos executivos e normativos, recursos e meios articulados pelo poder público competente, na perspectiva de uma ação articulada, em regime de colaboração, para a efetivação de uma política de educação como direito subjetivo de cada cidadão.

A política para formação de professores, além da formação de professores do Ensino Religioso presente nela, está associada à regulamentação desse ensino a partir do art. 33 da Lei n. 9.494/1996, reformulado pela Lei n. 9.475/1997 em cada Sistema Estadual e Municipal de Ensino por meio de pareceres e resoluções. A discussão do processo formativo associa-se, naturalmente, com as definições dessas leis que foram aprovadas nas unidades da Federação e nos Sistemas de Ensino. As atribuições para habilitar e qualificar profissionais para o exercício da docência no Ensino Religioso estão explicitadas nas mencionadas legislações aprovadas pelos Conselhos Federal, Estadual e Municipal de Educação.

Logo, o papel do Sistema de Ensino na formação de professores tem uma vasta abrangência: atua como regulador, coordenador, formativo e estruturante das ações pedagógicas; dá suporte e oferece soluções educacionais; concede formação aos profissionais da educação; agiliza documentos (calendários pedagógicos, conteúdos programáticos etc.); dentre outras importantes atribuições. O Sistema de Ensino, portanto, envolve uma gama de atividades voltadas à organicidade das unidades escolares que o compõem.

Em se tratando da formação de professores para o Ensino Religioso, o papel do Sistema de Ensino é organizá-la com base nas Diretrizes Curriculares, seguindo, atualmente, o que dizem a Lei de Diretrizes e Bases da Educação Nacional, a Base Nacional Comum Curricular (BNCC), as Resoluções CNE/CEB n. 7/2010 e n. 4/2010 e o Parecer CNE/CP n. 12/2018 sobre os aspectos referentes à oferta, à definição de conteúdo em seus projetos pedagógicos e à formação dos professores habilitados para o exercício da docência. Além dessa função, o SE recorre a legislações que configuraram a Lei n. 9.475/1997 nos âmbitos estadual e municipal. Para compreender o exercício desse papel do Sistema de Ensino na formação de professores, é preciso considerar o compromisso dos entes federados no cumprimento dos dispositivos constitucionais, que visam garantir a equalização de oportunidades educacionais e o padrão mínimo de qualidade do ensino.

## Histórico da discussão nos marcos legais

Desde os anos 1990, o Brasil passa por uma reforma educacional com marcos significativos para a redefinição das competências dos seus entes federados no que se refere às etapas e às modalidades de ensino: a organização curricular, a flexibilização dos tempos e dos espaços escolares, a correção do fluxo escolar, a diversidade de currículos, o financiamento, a gestão, a formação de professores e a implantação de um Sistema Nacional de Ensino. O capítulo que aborda a educação na Constituição Federal (BRASIL, 1988) e na LDB (BRASIL, 1996) evidencia a importância para a definição de padrões de qualidade social na educação que se associa aos fatores socioeconômicos e socioculturais, bem como ao financiamento público adequado para a formação dos docentes da educação.

A Lei n. 13.005, de 25 de junho de 2014, que aprovou o Plano Nacional de Educação (PNE) para o decênio 2014-2024, prevê, em seu art. 13, a instituição do Sistema Nacional de Ensino em um prazo de dois anos após a publicação dessa lei, responsabilizando-o pela articulação entre os Sistemas de Ensino, em regime de colaboração, para a efetivação das diretrizes, das metas e das estratégias contidas no PNE (BRASIL, 2014).

Discute-se a institucionalização e a implementação do SNE pelo viés da garantia de um sistema público de educação, entendido como a expressão institucional do esforço organizado, autônomo e permanente do Estado e da sociedade brasileira. Nesse processo, compreende-se os Sistemas de Ensino sob a ótica da responsabilidade pela política nacional de educação e, principalmente, pela definição de diretrizes e prioridades atribuídas a cada Plano Nacional de Educação.

Cada Sistema de Ensino forma um conjunto articulado de competências e atribuições com finalidades comuns, o que pressupõe uma articulação permanente entre os sistemas.

## Organização dos sistemas de ensino

A organização dos Sistemas de Ensino no Brasil é orientada pela LDB e pela Constituição Federal. Os órgãos responsáveis na esfera federal são o Ministério da Educação e Cultura (MEC) e o Conselho Nacional de Educação (CNE). No âmbito estadual estão as Secretarias Estaduais de Educação, o Conselho Estadual de Educação e as Delegacias Regionais de Educação ou Gerências Regionais de Educação, ou, ainda, a Superintendência Regional de Educação. No campo municipal estão as Secretarias Municipais de Educação, as Secretarias de Educação e o Conselho Municipal de Educação.

O art. 211 da Constituição Federal (BRASIL, 1988) determina que a União, os estados, o Distrito Federal e os municípios organizem, em regime de colaboração, os seus respectivos sistemas, cabendo à União a organização do Sistema de Ensino em nível federal e de cada território, de modo a garantir o padrão mínimo de qualidade do ensino.

Observa-se que o regime de colaboração é destacado na LDB e na Constituição Federal, o que pressupõe um trabalho articulado, em parceria entre os entes federados. Para o atendimento das demandas de oferta do ensino, há delimitação para as incumbências dos municípios sobre a sua atuação específica, que abrange, por sua vez, a Educação Infantil e o Ensino Fundamental.

Cabe, portanto, aos estados e ao Distrito Federal a atuação, prioritariamente, no Ensino Fundamental e no Ensino Médio. Na organização de seus Sistemas de Ensino, então, os entes federados definem como ocorrerá essa colaboração, de modo a assegurar a universalização do ensino obrigatório. Nesse processo, a LDB organiza e regulamenta a estrutura e o funcionamento do sistema educacional, público e privado, em todo o território do país, com base nos princípios e nos direitos presentes na Constituição Federal.

A educação brasileira nos Sistemas de Ensino, portanto, divide-se em três etapas: Educação Infantil, Ensino Fundamental e Ensino Médio. Ainda, divide-se por modalidades de ensino seguindo as normas da LDB e da Resolução CNE/CEB n. 4/2010, que trata das Diretrizes Curriculares Nacionais Gerais da Educação Básica.

O art. 14 da LDB (BRASIL, 1996) estabelece que os Sistemas de Ensino definirão as normas de gestão democrática do ensino público na Educação Básica, de acordo com as suas peculiaridades e os princípios da participação dos profissionais da educação na elaboração do projeto pedagógico da escola, bem como da participação das comunidades escolares e da realidade local, por meio de conselhos escolares ou equivalentes.

Na sequência, o art. 15 da LDB determina que os Sistemas de Ensino assegurem, nas unidades escolares, os progressivos graus de autonomia pedagógica, administrativa e de gestão financeira, observadas as normas gerais de direito financeiro público. O art. 16, por sua vez, refere-se ao Sistema Federal de Ensino, que envolve as instituições mantidas pela União, as instituições de educação superior criadas e mantidas pela iniciativa privada e os órgãos federais de educação.

O art. 17 complementa apresentando a responsabilidade dos Sistemas de Ensino dos estados e do Distrito Federal pelas instituições mantidas pelo poder público estadual e pelo Distrito Federal; pelas instituições de Educação Superior mantidas pelo poder público municipal; pelas instituições de Ensino Fundamental e de Ensino Médio, criadas e mantidas pela iniciativa privada; e pelos órgãos de educação dos estados e do Distrito Federal, respectivamente.

Por fim, o art. 18 da LDB diz que os Sistemas de Ensino municipais, compreendem: as instituições de Educação Infantil, Ensino Fundamental e Ensino Médio mantidas pelo poder público municipal e as instituições de Educação Infantil criadas e mantidas pela iniciativa privada e pelos órgãos municipais de educação.

## Formação e valorização dos professores

Existe a necessidade e a urgência de investimento na formação de professores para atender ao que está expresso na LDB (BRASIL, 1996, art. 62), na seção dos Profissionais da Educação: “A formação de docentes para atuar na educação básica far-se-á em nível superior, em curso de licenciatura e graduação plena”. Essa determinação inclui todos os profissionais, também os do Ensino Religioso.

O art. 67 da LDB indica, ainda, que os Sistemas de Ensino promoverão a valorização dos profissionais da educação, assegurando-lhes esse direito, inclusive, nos termos do Estatuto dos Planos de Cargo e Carreira do Magistério Público estabelecido nos Sistemas de Ensino. A formação dos profissionais da educação, numa perspectiva social, é compreendida como política pública. Trata-se de um direito subjetivo que envolve a valorização profissional expressa na garantia da formação inicial e continuada.

Para o Ensino Religioso, especificamente, a formação inicial e continuada deve estar no bojo da política pública de formação da educação brasileira, considerando que esse componente faz parte do currículo da Educação Básica. A formação, portanto, deve seguir as determinações da Lei n. 9.475/1997, com uma formação específica, ou seja, com cursos de licenciatura que habilitem o profissional na área.

A LDB apresenta uma diretriz curricular para que a Educação Básica seja capaz de "levar em conta as contribuições das diferentes culturas e etnias para a formação do povo brasileiro, especialmente das matrizes indígenas, africana e europeia" (BRASIL, 1996, art. 26, § 4º).

A Lei n. 9.475/1997, em seu § 1º, atribui aos Sistemas de Ensino a regulamentação para a definição dos conteúdos e das normas voltadas à habilitação e à admissão dos professores. Acrescenta, porém, que os Sistemas de Ensino ouvirão a entidade civil constituída pelas diferentes denominações religiosas.

Essa lei remete às Secretarias Estaduais e Municipais de Educação, cujas redes integram o Sistema Estadual de Ensino, o desenvolvimento de projetos de capacitação docente pautados no respeito às liberdades individuais assegurado no Brasil, como Estado Democrático de Direito, e na tolerância aos que manifestam credos e crenças diferentes ou que não professam qualquer crença religiosa, considerando a convivência pacífica entre as diversas manifestações religiosas que compõem a pluralidade étnica e cultural da nação brasileira.

Com relação à formação de professores do Ensino Religioso, há que se cuidar tanto de seu início quanto de sua continuidade, investindo nos aspectos que envolvem a sensibilidade social e cultural frente à alteridade. Assim, os saberes abordados nessa formação precisam ter uma consistente base histórico-social, antropológica e política que permitam aos professores verem as religiões e o seu ensino mais pelo prisma humano e social do que pelo prisma dogmático e confessional.

Nesse sentido, compreende-se que essas normas devem ser as mesmas estabelecidas e definidas para todos os profissionais da educação, citadas anteriormente no Plano de Cargo e Carreira do Magistério Público Estadual e Municipal e no Estatuto do Magistério Público Estadual e Municipal de cada unidade federativa. É preciso dedicar atenção a esses planos, considerando as atribuições e os critérios para todos os profissionais, incluindo o professor de Ensino Religioso.

É crítica a carência de professores para o Ensino Religioso em grande parte dos estados da Federação. E, devido a essa ausência de cursos, em algumas unidades da Federação, a política de admissão de professores, nesse caso, é a contratação de monitores para todos os componentes curriculares. Em se tratando do Ensino Religioso, portanto, o contexto é complexo pela inexistência de professores com formação específica e acadêmica para ministrarem as aulas. Atuam nessa docência professores de diferentes áreas para cumprirem a carga horária exigida na matriz curricular.

No decorrer desses últimos anos, já foram criados cursos de licenciatura, e o Parecer CNE/CP n. 12/2018 trata das Diretrizes Curriculares Nacionais para o curso de Licenciatura em Ciências da Religião nas modalidades presencial, semipresencial e a distância. Na elaboração dos projetos pedagógicos, as instituições de Educação Superior e os órgãos dos Sistemas de Ensino devem obedecer aos princípios, às concepções e à estrutura definidos, tornando o curso de licenciatura em Ciências da Religião uma habilitação, em nível de formação inicial, para o exercício da docência do Ensino Religioso na Educação Básica.

Constatam-se avanços significativos com relação ao Ensino Religioso, mesmo diante de inúmeros impasses no cotidiano das unidades escolares e nos Sistemas de Ensino para a sua efetiva consolidação. Vê-se, então, a necessidade de se refletir sobre a política de formação e o currículo da formação docente nos Sistemas de Ensino para todos os componentes curriculares, incluindo o Ensino Religioso.

Na III Conferência Nacional de Educação (Conae), em 2010, a formação e a valorização dos profissionais da educação foram matéria de debate, tendo como pressuposto a instituição do Sistema Nacional de Educação. Ao considerar a profissionalização, então, deve-se entender que, nesse conceito, estão subjacentes tanto a formação como a valorização dos profissionais.

Nessa perspectiva, o Conselho Nacional de Educação definiu as Diretrizes Curriculares Nacionais para a Formação Inicial e Continuada dos Profissionais do Magistério (Resolução CNE/CP n. 2/2015). O capítulo VII, art. 18, por exemplo, explicita as responsabilidades das diversas instâncias para garantir a valorização dos profissionais e, consequentemente, a sua formação:

> Art. 18. Compete aos sistemas de ensino, às redes e instituições educativas a responsabilidade pela garantia de políticas de valorização dos profissionais do magistério da educação básica, que devem ter assegurada sua formação, além de plano de carreira, de acordo com a legislação vigente, e preparação para atuar nas etapas e modalidades da educação básica e seus projetos de gestão, conforme definido na base comum nacional e nas diretrizes de formação, segundo o PDI, PPI e PPC da instituição de educação superior, em articulação com os sistemas e redes de ensino da educação básica (BRASIL, 2015).

As Diretrizes Curriculares Nacionais Gerais da Educação Básica (BRASIL, 2010a, art. 59) explicitam que os Sistemas de Ensino devem instituir orientações para que o projeto de formação assegure a consolidação da identidade dos profissionais da educação, nas suas relações com a escola e com o estudante, e crie incentivos para o resgate da imagem social do professor, assim como da autonomia docente individual e coletiva.

Na busca de profissionalização, o Fórum Nacional Permanente do Ensino Religioso (Fonaper) tem exercido um papel fundamental com os Sistemas de Ensino na articulação com as instituições de Ensino Superior, em parceria com o Conselho Nacional de Educação e com o Conselho Nacional de Secretários de Educação (Consed), para a efetivação de políticas de formação inicial e continuada. Desde a criação do Fonaper, em 1995, essa temática foi abordada constantemente em cursos voltados à formação continuada de professores de Ensino Religioso em todo o território nacional. Nesse sentido, o Fonaper elaborou Diretrizes Curriculares para o curso de graduação em Ciências da Religião – Licenciatura em Ensino Religioso. Essas contribuições se consolidaram com o Parecer CNE/CP n. 12/2018.

As Diretrizes de Capacitação Docente para a atuação desses professores sinalizam aspectos que envolvem: a honestidade científica do profissional, em uma constante busca do conhecimento religioso; o entendimento da complexidade do conhecimento do fenômeno religioso; a capacidade de viver e reverenciar a alteridade; o reconhecimento da família e da comunidade religiosa como espaços privilegiados para a vivência religiosa e para a opção de fé; o propósito de estar a serviço da liberdade do estudante; o aperfeiçoamento do estudo do fenômeno religioso.

E no que se refere à competência profissional, essas diretrizes sinalizam: a compreensão do fenômeno religioso, contextualizando-o espacial e temporariamente; a compreensão da configuração do fenômeno religioso por meio das ciências da tradição religiosa; o conhecimento da sistematização do fenômeno religioso pelas tradições religiosas e suas teologias; a análise das tradições religiosas na estruturação e na manutenção das diferentes culturas e manifestações socioculturais; o conhecimento da exegese dos textos sagrados orais e escritos das diferentes matrizes religiosas (africana, indígena, ocidental e oriental); e a compreensão do sentido da atitude moral como consequência do fenômeno religioso sistematizado pelas tradições religiosas e como expressão da consciência e da resposta pessoal e comunitária das pessoas (OLIVEIRA *et al.*, 2007).

Os fundamentos e os critérios mencionados nessas diretrizes associam-se aos objetivos da Base Nacional Comum Curricular, que prioriza a aprendizagem dos conhecimentos religiosos, culturais e estéticos a partir das manifestações religiosas percebidas na realidade dos estudantes e a apropriação dos conhecimentos sobre o direito à liberdade de consciência e de crença, no constante propósito de promoção dos direitos humanos. A BNCC orienta os Sistemas de Ensino na elaboração de suas propostas pedagógicas em sintonia com os pressupostos curriculares vigentes. Desenvolver competências e habilidades que contribuam para o diálogo exercitando o respeito à liberdade de concepções e o pluralismo de ideias, de acordo com o Conselho Nacional de Educação, a LDB e a BNCC, possibilita aos estudantes a construção de seus sentidos pessoais de vida, com base nos valores e nos princípios éticos da cidadania.

De certa forma, as competências específicas do Ensino Religioso propostas na BNCC estão em sintonia com os eixos temáticos dos Parâmetros Curriculares Nacionais desse ensino, elaborados pelo Fonaper, quando considera aspectos como: a estruturação das diferentes tradições/movimentos religiosos e filosofias de vida; a valorização e o respeito às manifestações religiosas e filosofias de vida, às suas experiências e aos seus saberes em diferentes tempos, espaços e territórios; o reconhecimento do cuidar de si, do outro, da coletividade e da natureza enquanto expressão de valor da vida; a convivência com a diversidade de crenças, pensamentos, convicções, modos de ser e de viver; a análise das relações entre as tradições religiosas e os campos da cultura, da política, da economia, da saúde, da ciência, da tecnologia e do meio ambiente.

Partindo do princípio da relação entre conhecimento, habilidades e competências, compreende-se que todo profissional necessita dominar a linguagem própria de cada componente curricular, compreender os fenômenos, enfrentar situações, construir argumentos e elaborar propostas de mudança que pressupõem transformações.

Constatam-se esforços nos Sistemas de Ensino para estruturar a formação docente, em todas as áreas do conhecimento, considerando que as questões remetem a iniciativas de caráter político e pedagógico. Trata-se, também, de uma decisão articulada entre os conselhos

Nacional, Estadual e Municipal de Educação, além do estabelecimento do regime de colaboração entre município e estado para a superação dessas constatações. Iniciativas do Ministério da Educação já foram observadas com relação à formação acadêmica dos que possuem uma licenciatura e atuam em áreas dissociadas à sua graduação, por isso há uma orientação para a segunda licenciatura ofertada pelas instituições de Ensino Superior. Cabe, portanto, a cada Sistema de Ensino elaborar políticas para minimizar a problemática.

Buscar, incessantemente, o espaço pedagógico dessa área de conhecimento e o seu *status quo* de componente curricular nos Sistemas de Ensino pressupõe uma caminhada contínua, pois a sua efetivação ocorre com as determinações de resoluções, pareceres e decretos estaduais e municipais que recomendam a sua inserção no projeto político-pedagógico, na matriz curricular e na formação dos professores.

Outro ponto a ser considerado nos Sistemas de Ensino são as propostas pedagógicas e os referenciais curriculares dos diferentes estados da Federação elaborados para o Ensino Religioso, que apresentam competências, habilidades, conhecimentos e aprendizagens contidos na BNCC. Demandam essa reflexão algumas perguntas básicas sobre como desenvolver um currículo na perspectiva de saberes e experiências escolares, e sobre como viabilizar esses conhecimentos e saberes no currículo escolar. Essa discussão não se resume, apenas, à seleção de conteúdo, uma vez que inclui processos de planejamento vivenciados e reconstruídos em múltiplos espaços e por variadas singularidades no corpo social da educação.

> O Ensino Religioso busca construir, por meio do estudo dos conhecimentos religiosos e das filosofias de vida, atitudes de reconhecimento e **respeito às alteridades**. Trata-se de um **espaço de aprendizagens**, experiências pedagógicas, intercâmbios e diálogos permanentes, que visam ao acolhimento das identidades culturais, religiosas ou não, na perspectiva da interculturalidade, direitos humanos e cultura da paz (BRASIL, 2018, p. 437, grifos nossos).

A formação continuada ganhou destaque na BNCC nos aspectos que definem o conjunto de aprendizagens a serem apreendidas pelos estudantes brasileiros. A ideia perpassa o aperfeiçoamento não apenas do conhecimento formal obrigatório, mas das competências que devem ser adquiridas no sentido de facilitar a aprendizagem dos estudantes. Esse documento sinaliza as competências gerais que os estudantes precisam desenvolver ao longo das etapas da Educação Básica, as competências específicas de cada área do conhecimento dos componentes curriculares e os direitos de aprendizagens relativas a diversos objetivos de conhecimento que devem ser desenvolvidos em cada etapa da Educação Básica. Daí a emergência da formação a ser implantada e implementada nos Sistemas de Ensino, atendendo aos objetivos de aprendizagens estabelecidos em cada componente curricular.

## Considerações finais

O Sistema Nacional de Educação deve articular os sistemas municipais, estaduais, distrital e federal de ensino, considerando as metas do Plano Nacional de Educação (Lei n. 13.005/2014) e os princípios explícitos no art. 206 da Constituição Federal, que estabelece:

> Art. 206. O ensino será ministrado com base nos seguintes princípios:
> I – igualdade de condições para o acesso e permanência na escola;
> II – liberdade de aprender, ensinar, pesquisar e divulgar o pensamento, a arte e o saber;
> III – pluralismo de ideias e de concepções pedagógicas, e coexistência de instituições públicas e privadas de ensino;
> IV – gratuidade do ensino público em estabelecimentos oficiais;
> V – valorização dos/das profissionais da educação escolar, garantidos, na forma da lei, planos de carreira, com ingresso exclusivamente por concurso público de provas e títulos, aos das redes públicas;
> VI – gestão democrática do ensino público, na forma da lei;
> VII – garantia de padrão de qualidade;
> VIII – piso salarial profissional nacional para os/as profissionais da educação escolar pública, nos termos de lei federal (BRASIL, 1988).

Por conseguinte, a construção de um Sistema Nacional de Educação pressupõe redimensionar a ação dos entes federados, garantindo diretrizes educacionais comuns a serem implantadas e implementadas em todo o território nacional na perspectiva da superação das desigualdades regionais. O SNE desempenha o papel de articulador, normatizador, coordenador e regulamentador dos ensinos público e privado, além de atuar como financiador dos Sistemas de Ensino públicos (federal, estadual, distrital e municipal), assegurando finalidades, diretrizes e estratégias educacionais comuns, com respeito às especificidades próprias de cada um.

Em cada sistema, os Conselhos de Educação, em seus âmbitos nacional, distrital, estadual e municipal, são fundamentais para a supervisão e a manutenção das finalidades, das diretrizes e das estratégias comuns para a educação, tornando necessárias a implantação e a implementação do Sistema Nacional de Educação. A inexistência do SNE fragmenta e desarticula o projeto educacional vigente no país, por isso a sua instituição passa, obrigatoriamente, pela regulamentação de um regime de colaboração que envolve as esferas governamentais no atendimento à população em todas as etapas e as modalidades de ensino, com mecanismos democráticos, articulando-se com a comunidade escolar e local e com os profissionais da educação na elaboração dos projetos político-pedagógicos das instituições de ensino.

Assim, faz-se necessário o esforço integrado e colaborativo, a fim de consolidar novas bases na relação entre os entes federados, para garantir o direito à educação e à escola de qualidade social. A regulamentação do regime de colaboração deve explicitar a participação da União na cooperação técnica e, especialmente, na determinação de transferências regulares e contínuas de recursos financeiros às instituições públicas dos estados, do Distrito Federal e dos municípios.

Portanto, as normas comuns (pareceres e resoluções do CNE) garantem a base e a possibilidade, presente na Constituição Federal (art. 211), de que "a União, os estados, o Distrito Federal e os municípios organizem, em regime de colaboração, os seus sistemas de ensino" (BRASIL, 1988), indicando normas específicas e complementares que auxiliem o cumprimento da legislação nacional, por meio de seus conselhos específicos (estaduais, distrital e municipais).

A construção do Sistema Nacional de Educação propiciará mais organicidade e articulação na proposição e na materialização das políticas educativas, priorizando os entes federados com baixos índices de desenvolvimento socioeconômico e educacional, tendo como critérios o Índice de Desenvolvimento Humano (IDH), as altas taxas de pobreza e o índice de fragilidade educacional, principalmente, na oferta de Educação de Jovens e Adultos (EJA). Consolidar o SNE, em última instância, requer políticas e mecanismos apropriados à garantia dos recursos públicos direcionados à superação do atraso educacional e ao pagamento da dívida social e educacional do Estado para com a nação, bem como à manutenção e ao desenvolvimento da educação escolar em todas as etapas e modalidades de ensino.

Os aspectos aqui discutidos indicam a complexidade da função do Sistema de Ensino, focando a importante constituição de um Sistema Nacional de Educação que assegure, democraticamente, a construção de políticas de Estado atinentes à qualidade da educação, envolvendo a valorização e a formação de professores que se propõem a avançar na superação dos desafios da educação.

Será constante a busca de esforços conjuntos com os entes federados na implantação e no desenvolvimento de políticas educacionais consolidadas no SNE para o favorecimento das condições de formação e qualificação desses professores. A profissionalização de professores está a serviço do desempenho docente, tendo em vista o compromisso com a aprendizagem significativa dos estudantes.

## REFERÊNCIAS


ANDRADE, E. F de. *Gestão e autonomia dos sistemas educacionais*. Brasília: MEC/Sase, 2014.

AZEVEDO, J. M. L. de; DOURADO, L. F. *et al*. *Sistema de ensino e gestão*: articulação e descentralização. Camaragibe: CCS Gráfica e Editora, 2016. (Caderno Temático 3).

BRASIL. Conselho Nacional de Educação. Câmara de Educação Básica. Resolução n. 4, de 14 de julho de 2010a. Define diretrizes curriculares nacionais gerais para a Educação Básica. *Diário Oficial da União*, Poder Legislativo, Brasília, DF, 2010, Seção 1, p. 824.

BRASIL Conselho Nacional de Educação. Câmara de Educação Básica. Resolução n. 7, de 15 de novembro de 2010b. Diretrizes curriculares nacionais para o Ensino Fundamental de nove anos. Poder Legislativo, *Diário Oficial da União*, Brasília, DF, 2010, Seção 1, p. 34.

BRASIL. Conselho Nacional de Educação/Conselho Pleno. Define as diretrizes curriculares para a formação inicial em nível superior (cursos de licenciatura, cursos de formação pedagógica para graduados e cursos de segunda licenciatura) e para a formação continuada. Resolução CNE/CP n. 02/2015, de 1° de julho de 2015. Poder Legislativo, *Diário Oficial da União*, Brasília, DF, 1° jul. 2015, Seção 1, n. 124, p. 8-12.

BRASIL. Conselho Nacional de Educação/Conselho Pleno. Diretrizes curriculares nacionais para os cursos de licenciatura em Ciências da Religião. Parecer CNE/CP n. 12/2018, de 2 de outubro de 2018. Poder Legislativo, *Diário Oficial da União*, Brasília, DF, 28 dez. 2018, Seção 1, p. 131.

BRASIL. Constituição (1988). *C*onstituição da República Federativa do Brasil. Diário Oficial da União, Poder Legislativo, Brasília, DF, Presidência da República, 1988. Disponível em: http://www.planalto.gov.br/ccivil_03/constituicao/constituicaocompilado.htm. Acesso em: 2 maio 2023.

BRASIL. *Diversidade religiosa e direitos humanos*. Brasília, DF,: Secretaria Especial dos Direitos Humanos, 2004.

BRASIL. Lei n. 9.394, de 20 de dezembro de 1996. Estabelece as diretrizes e bases da educação nacional. *Diário Oficial da União*, Poder Legislativo, Brasília, DF, 23 dez. 1996. Disponível em: https://www.planalto.gov.br/ccivil_03/leis/l9394.htm. Acesso em: 27 abr. 2023.

BRASIL. Lei n. 9.475, de 22 de julho de 1997. Dá nova redação ao art. 33 da Lei n. 9.394, de 20 de dezembro de 1996, que estabelece as diretrizes e bases da educação nacional. *Diário Oficial da União*, Poder Legislativo, Brasília, DF, 1997. Disponível em: http://www.planalto.gov.br/ccivil_03/leis/l9475.htm#:~:text=O%20ensino%20religioso%2C%20de%20matr%C3%ADcula,vedadas%20quaisquer%20formas%20de%20proselitismo. Acesso em: 27 abr. 2023.

BRASIL. Lei n. 13.005, de 25 de junho de 2014. Aprova o Plano Nacional de Educação – PNE e dá outras providências. *Diário Oficial da União*, Poder Legislativo, Brasília, DF, 2014. Disponível em: http://www.planalto.gov.br/ccivil_03/_ato2011-2014/2014/lei/l13005.htm. Acesso em: 27 abr. 2023.

BRASIL. Ministério da Educação. *Base Nacional Comum Curricular (BNCC): educação é a base.* Brasília, DF: MEC, 2018. Disponível em: http://basenacionalcomum.mec.gov.br/images/BNCC_EI_EF_110518_versaofinal_site.pdf. Acesso em: 27 abr. 2023.

BRASIL. Ministério da Educação. Secretaria Executiva. Secretaria Executiva Adjunta. Documento Final da Conferência Nacional de Educação (Conae), 2010c. *Construindo o sistema nacional articulado de educação* – O plano nacional de educação, diretrizes e estratégias de ação. Brasília, DF: MEC/SE/SEA, 2010.

BRASIL. Ministério de Educação e Cultura. Parecer CNE/CEB n. 30/2000. *Diário Oficial da União*, Poder Legislativo, Brasília, DF, 2000, Seção 1, p. 25. Disponível em: http://portal.mec.gov.br/cne/arquivos/pdf/pceb030_00.pdf. Acesso em: 27 abr. 2023.

FERREIRA, A. B. de H. *Pequeno dicionário brasileiro da língua portuguesa*. Rio de Janeiro: Civilização Brasileira, 2000.

FONAPER – Fórum Nacional Permanente do Ensino Religioso. *Parâmetros Curriculares Nacionais para o Ensino Religioso*. São Paulo: Ave-Maria, 1996.

FRANÇA, M. Sistema Nacional de Educação: financiamento, valorização dos profissionais da Educação Básica e perspectivas do PNE (2011-2020). *In*: FRANÇA, M. (org.) *Sistema de Nacional de Educação e o PNE*: diálogos e perspectivas. Brasília, DF,: Liber Livro/UFRN, 2009.

HOLANDA, Â. M. R. H. Parâmetros Curriculares Nacionais do Ensino Religioso: o currículo do Ensino Religioso em debate. *In*: POZZER, A. *et al*. *Diversidade e Ensino Religioso no Brasil*: memórias, proposta e desafios – Obra comemorativa aos 15 anos do Fonaper. São Leopoldo: Nova Harmonia, 2010.

JUNQUEIRA, S. R. A. *et al. Ensino Religioso e sua relação pedagógica*. Petrópolis: Vozes, 2002.

OLIVEIRA, L. B, de. *et al. Ensino Religioso no Ensino Fundamental*. São Paulo: Cortez, 2007.

OLIVEIRA, L. B. de. *et al*. *Formação de docentes e Ensino Religioso no Brasil*: tempos, espaços, lugares. Blumenau: Edifurb, 2008.

## SUGESTÕES DE LEITURA

JUNQUEIRA, S.; BRANDENBURG, L.; KLEIN, R. (org.). *Compêndio do Ensino Religioso.* São Leopoldo: Sinodal; Petrópolis: Vozes, 2017.

- Ensino Religioso nas escolas públicas e confessionais: concepção, convergências diferenças – Lurdes Caron, p, 62-68.
- Ensino Religioso nas legislações – Ângela Maria Ribeiro Holanda, p. 68-81.
- Sistemas de Ensino – Eliane Maura Ribeiro Milhomem de Freitas, p. 81-87.
- Organizações civis e religiosas e Ensino Religioso – Cláudia Regina Kluck, p. 88-97.
- Conselhos de Ensino Religioso – Ângela Maria Ribeiro Holanda, p. 97-105.

# 6

# ENSINO RELIGIOSO E PASTORAL ESCOLAR NA EDUCAÇÃO CONFESSIONAL CATÓLICA: DESAMBIGUAÇÃO, DISTANCIAMENTOS E INTERFACES

Gregory Rial[18]

*As escolas católicas fazem parte da história da educação no Brasil, tendo sua existência garantida pelo art. 213 da Constituição Federal (BRASIL, 1988).*

A confessionalidade de uma escola significa que valores, práticas e costumes ligados a uma confissão religiosa particular serão transmitidos juntamente aos demais conteúdos curriculares. Nesse sentido, as escolas católicas enriquecem o seu trabalho pedagógico acrescentando uma dimensão pastoral ao cotidiano escolar, que interage com estudantes e docentes, além de promover ações alinhadas à fé cristã.

Por outro lado, o Ensino Religioso legislado na Constituição Federal, em seu art. 210, na Lei de Diretrizes e Bases da Educação (LDB), na Base Nacional Comum Curricular (BNCC) e em outros dispositivos legais não é prerrogativa apenas da escola confessional, mas faz parte do currículo comum da Educação Básica, tanto da rede pública quanto da rede privada. Procuramos estabelecer, a seguir, um processo de desambiguação entre Ensino Religioso e Pastoral Escolar para o contexto específico das escolas confessionais católicas.

18 Licenciado, bacharel e mestre em Filosofia pela Faculdade Jesuíta, doutorando em Comunicação Social pela Universidade Federal de Minas Gerais (UFMG). Coordena o Setor de Animação Pastoral da Associação de Educação Católica do Brasil (Anec).

## Conceituação e desambiguação

Inicialmente, podemos explorar a definição de Pastoral Escolar como

> [...] o conjunto de ações sistemáticas que visam confirmar a confessionalidade e a carismaticidade da escola em seu compromisso evangelizador, participando, de tal forma, da missão evangelizadora da Igreja e ampliando pela natureza mesma da escola, as práticas de evangelização para além daquelas comuns à evangelização paroquial (RIAL; CHESINI, 2021, p. 95).

Em outras palavras, Pastoral Escolar é a ação evangelizadora dentro da escola católica. Note-se que, por essa definição, Pastoral Escolar transcende a mera experiência religiosa como denominador comum da existência humana e a identifica dentro de uma identidade religiosa específica – a católica –, com uma finalidade igualmente específica.

Acerca dessa finalidade da Pastoral Escolar, pode-se estabelecer que todo trabalho evangelizador da escola católica visa anunciar a pessoa de Jesus Cristo e promover uma experiência pessoal com Ele que produza uma mudança de mentalidade e atitude a partir dos critérios do seu Evangelho. Essa finalidade, no entanto, necessita ser bem situada, pois "[...] toda concepção de Evangelização se atrela a uma determinada concepção de Igreja (eclesiologia) e, consequentemente, produz uma determinada práxis [...]" (RIAL; CHESINI, 2021, p. 83).

Assim, a evangelização *dentro* da escola católica está consignada à própria evangelização como tarefa universal da Igreja. Nesse sentido, recorda-se o mandato evangélico de Jesus aos seus apóstolos: "Ide, pois, e fazei discípulos todos os povos batizando-os em nome do Pai e do Filho e do Espírito Santo. Ensinai-os a observar tudo o que vos mandei" (BÍBLIA SAGRADA, Mt 28,19-20a). Entretanto, ao mesmo tempo que compartilha da missão da Igreja, a escola é um espaço-tempo singular que conjuga uma finalidade estabelecida para além dos parâmetros eclesiásticos e religiosos: a escola é lugar da formação acadêmica, científica, política, cidadã – o que certamente se relaciona com a própria concepção cristã de educação, mas não se restringe a ela.

A instrução *A identidade da escola católica para uma cultura do diálogo*, promulgada em 2022 pela Congregação para Educação Católica do Vaticano, em seu número 16, afirma que:

> O elemento característico da escola católica, além de buscar "os fins culturais da escola e a formação humana da juventude", é o de "criar um ambiente de comunidade escolar animado pelo espírito evangélico de liberdade e de caridade". Por isso, a escola católica tem como objetivo "ajudar os adolescentes para que, ao mesmo tempo que desenvolvem sua personalidade, cresçam segundo a nova criatura que são mercê do batismo", assim como "ordenar finalmente toda a cultura humana à mensagem de salvação, de tal modo que seja iluminado pela fé o conhecimento que os alunos adquirem gradualmente a respeito do mundo, da vida e do homem". Desta forma, a escola católica prepara os alunos para exercer sua liberdade de forma responsável, formando atitudes de abertura e solidariedade.

Como se vê, na educação católica, o espaço-tempo da escola é transformado e elevado a uma espécie de suprassunção da própria ideia de escola. Ao somar a tarefa evangelizadora à sua função na formação cultural e humana, a escola católica se mostra como algo além da paróquia no que diz respeito à evangelização (porque não só evangeliza, mas também oferece um serviço de educação formal) e algo além da própria instituição escolar (porque não só ensina, mas dá condições de crescimento espiritual e humano).

Essa dupla finalidade dentro da escola católica não assinala uma clivagem ou dupla função, mas corresponde a uma fusão identitária da escola: é um espaço polivalente e denso, que não aceita reduzir-se a um papel simples de transmissão de conhecimento nem ao papel de doutrinadora religiosa. A escola católica é uma urdidura bastante sofisticada, por isso a Pastoral Escolar desponta nessa tessitura complexa como algo distinto e necessário ao cotidiano das instituições.

Afirmar a Pastoral Escolar como algo distinto nas escolas católicas significa reconhecer-lhe um lugar e uma missão próprios que não podem ser delegados a outro setor ou profissional. Embora a identidade confessional da escola católica deva ser algo difuso e transversal a todos os setores, departamentos e pessoal, a Pastoral Escolar evidencia e encarna esse valor da confessionalidade por meio de uma série de práticas que demarcam uma intencionalidade claramente pedagógico-evangelizadora.

Seguindo a proposta de Junqueira *et al.* (2021, p. 109), pode-se estruturar a Pastoral Escolar em, pelo menos, três dimensões que promovem, de modo intencional, " [...] a mediação entre as pessoas e Deus, das pessoas com outras pessoas e das pessoas consigo mesmas". São elas: a dimensão do anúncio; a dimensão do serviço; e a dimensão da celebração.

A primeira diz respeito a tudo o que é realizado na escola para apresentar o Reino de Deus que se faz presente no mundo. Anunciar, nesse caso, seria posicionar aquilo que diferencia os cristãos na realidade social, partindo, inclusive, de uma outra compreensão de realidade[19]. Embora, historicamente, o anúncio seja associado à comunicação de um corpo doutrinário, e até mesmo legalista, a Igreja não o compreende assim. O Papa Francisco recorda, na exortação apostólica *Evangelii Gaudium*, que o anúncio fundamental da Igreja é o *querigma*, não havendo nada de mais sólido e fundamental que ele. O *querigma*, ressalta o Papa, não é fruto de uma experiência meramente intelectual ou uma formulação teológica abstrata, mas algo profundamente vivencial, transformador e existencial.

> A centralidade do querigma requer certas características do anúncio que hoje são necessárias em toda a parte: que exprima o amor salvífico de Deus como prévio à obrigação moral e religiosa, que não imponha a verdade mas faça apelo à liberdade, que seja pautado pela alegria, o estímulo, a vitalidade e uma integralidade harmoniosa que não reduza a pregação a poucas doutrinas, por vezes mais filosóficas que evangélicas. Isto exige do evangelizador certas atitudes que ajudam a acolher melhor o anúncio: proximidade, abertura ao diálogo, paciência, acolhimento cordial que não condena (FRANCISCO, 2013, EG n. 165).

19 "O que define a identidade da escola católica é a sua referência à verdadeira concepção cristã da realidade" (CONGREGAÇÃO PARA EDUCAÇÃO CATÓLICA, 2022, n. 18)

Essa compreensão existencial do anúncio impõe à Pastoral Escolar uma frequente autocrítica, afinal, "na missão evangelizadora, há a necessidade de atualização constante da linguagem de acordo com a realidade do destinatário" (JUNQUEIRA *et al.*, 2021, p. 111). O anúncio não se trata de algo deslocado da realidade, mas parte de uma leitura atenta dos sinais dos tempos, de uma escuta profunda e genuína do entorno, para que não seja realizado de qualquer modo e perca o seu efeito. Por isso, a Pastoral Escolar tem sido um espaço cada vez mais especializado, que exige *expertises* pedagógicas e teológicas em interface com outras habilidades das ciências humanas e até da saúde, como a psicologia.

A segunda dimensão estrutural da Pastoral Escolar é a do serviço, entendido como a concretização do anúncio recebido. As escolas católicas possuem inúmeros programas de voluntariado, serviço à sociedade, empreendimento solidário e social, ações de impacto socioambiental, dentre outras iniciativas que são costuradas pela dimensão pastoral do serviço. Essa dimensão não se coloca apenas como princípio de responsabilidade social, mas como verdadeira resposta à vocação complexa que foi anteriormente mencionada. O entrelaçamento entre o saber e o fazer, a teoria e a práxis, o crer e o testemunhar é articulado também pela Pastoral Escolar.

> Para a escola católica dar conta da sua função social desde o pressuposto antropológico, coloca-se a demanda da formação por uma racionalidade em favor da vida. A escola torna-se lugar de humanização, já que se utiliza do conhecimento e da apropriação das culturas e colabora com a abertura de novos horizontes, de forma a conduzir o indivíduo a fazer-se plenamente humano. Ou seja, o serviço da escola não implica apenas em oferecer conhecimentos acadêmicos ou fazer escolhas de bons conteúdos, mas principalmente optar por conhecimentos que se tornem referenciais e se transformem em valores de vida (JUNQUEIRA *et al.*, 2021, p. 114).

A terceira dimensão estrutural da Pastoral Escolar é a da celebração, compreendida como serviço prestado pela escola católica à comunidade na animação e na condução de ritos religiosos ligados ao calendário litúrgico da Igreja, para o cultivo da espiritualidade pessoal e comunitária. A essa dimensão liga-se uma convicção antropológica que perpassa a pedagogia cristã – a de que o ser humano tem uma vida interior e é um ser espiritual, ou seja, aberto à transcendência. Enquanto ser de relações, toda pessoa humana é aberta aos outros, sobretudo ao grande Outro que é Deus, sendo capaz de estabelecer diálogo, proximidade e afeto por Ele.

Essa dimensão celebrativa, em muitos casos, torna-se a mais evidente tarefa da Pastoral Escolar: organização de orações iniciais, momentos de mística e espiritualidade, missas e liturgias, bênçãos e outras. Entretanto o "celebrar" na escola não é algo tão simples e intuitivo, justamente porque tem o desafio de "inserir os estudantes neste universo de significantes e significados e, ao mesmo tempo, favorecer o aprofundamento da experiência daqueles que já se sentem iniciados" (JUNQUEIRA *et al.*, 2021, p. 119). A carência de rituais pelas quais a própria sociedade passa dificulta ainda mais a celebração na escola, porque nem mesmo rituais cívicos e familiares de demarcação do tempo têm sido valorizados, como observou o filósofo Byung-Chul Han (2021).

Note-se que, a partir dessas três estruturas básicas da Pastoral Escolar – anúncio, serviço e celebração –, é possível entrever o seu papel específico dentro da escola. É claro que a tarefa evangelizadora da escola não se reduz a anunciar, promover o serviço e organizar a celebração. A missão evangelizadora também se reflete no currículo evangelizador, nas escolhas da gestão administrativa, na proposta pedagógica que não se restringe ao conteúdo formal, na visão antropológica dos educadores católicos. Contudo a Pastoral Escolar não é um componente curricular ou um programa extracurricular, e sim um demarcador eclesial da identidade. Por isso, a tendência de se confundir a Pastoral com Ensino Religioso na escola católica pode ser danosa tanto aos estudantes quanto à própria identidade confessional da instituição, uma vez que implica um reducionismo do papel do conhecimento religioso.

## Distanciamentos

Historicamente, o ensino da religião na escola começou com a Igreja Católica, que, desde a colonização portuguesa, tem instituições de ensino formal nas terras brasileiras, muitas delas patrocinadas e mantidas por congregações religiosas ou dioceses. Por muitos anos, a hegemonia religiosa do catolicismo não colocou como problema pedagógico o Ensino Religioso ao modo catequético e doutrinal, nem mesmo nas escolas públicas. Entretanto, desde a década de 1970, o debate epistemológico em torno do objeto formal e material do Ensino Religioso como componente curricular tem se adensado.

A homologação da Lei de Diretrizes e Bases da Educação, em 1996, e da Base Nacional Comum Curricular, em 2018, acabou consolidando a discussão que, em muitos sentidos, permanece aberta. A variedade de pensamentos sobre finalidades, competências e habilidades, matriz curricular, referenciais teóricos e linhas pedagógicas do Ensino Religioso reflete um problema candente: não existe posicionamento final sobre o Ensino Religioso. Para as escolas confessionais, adicionam-se duas outras questões: se a matriz deve ser confessional e como esse conteúdo curricular vai alinhar-se à proposta identitária da escola.

Por muitos anos, e há pouco tempo, as escolas confessionais católicas mantinham o Ensino Religioso como ensino da religião católica. A falta de clareza didático-pedagógica transformou esse espaço em aulas ou doutrinalmente complexas ou superficiais, sem que os estudantes percebessem uma razão para a existência desse componente na grade de aulas para além da justificativa de a instituição ser confessional. A tentativa de transpor uma experiência religiosa que é da ordem da subjetividade para o campo objetivo do estudo acadêmico e sistematizado do currículo sem uma adequada base conceitual filosófica, e mesmo teológica, fez com que o Ensino Religioso fosse, aos poucos, reduzido a uma espécie de formação humana ou catequese.

Essa tendência de utilizar o espaço acadêmico do estudo das religiões para fins evangelizadores causou prejuízos para a própria evangelização. Abordar a experiência de fé no âmbito escolar como parte do currículo obrigatório, ou seja, como disciplina de estudo que inclui avaliações, atividades, procedimentos de registro e outros aspectos, faz com que ela seja reduzida a uma experiência meramente intelectual.

Além disso, a existência de um componente religioso não garante a evangelização, que é um processo muito complexo e sutil dentro da escola católica. Como abordado anteriormente, a evangelização envolve todas as dimensões da pessoa – desde a dimensão física, passando pelas dimensões afetiva, emocional, moral, social, política, sexual e religiosa – e deve ser contemporizada de acordo com as circunstâncias epocais, geográficas, culturais, familiares e eclesiais. Não é um processo que se realiza com aulas, apenas, mas que se constrói num *continuum* pastoral, que exige inteligência, planejamento e investimento.

A redução do Ensino Religioso à catequese foi combatida com a BNCC, e, ainda que exista um direito da Igreja Católica garantido pela lei canônica e pela lei civil de ensinar a religião católica na escola confessional, isso não significa que deva ser feito pela área de conhecimento de Ensino Religioso única e exclusivamente. Aliás, a proposta pedagógica da BNCC para o Ensino Religioso, pautada em conhecimentos fenomenológicos, antropológicos e sociológicos, torna o conhecimento religioso algo muito mais atrativo, significativo e útil aos estudantes se considerarmos que, mesmo em escolas católicas, os estudantes não são todos católicos.

Aliás, a diversidade religiosa do alunado pode ser completamente ignorada quando se fala de um Ensino Religioso que preza pela catequese: além de ineficaz, do ponto de vista pedagógico, torna-se violento por não respeitar as opções individuais ou de familiares acerca das crenças religiosas.

Seria possível objetar dizendo que uma família, ao matricular o seu filho numa escola católica, está ciente das opções curriculares que a escola faz e, ainda, que a escola tem o dever de deixar claro o que implica a confessionalidade para as famílias. Entretanto, tal objeção não se sustenta, pois dizer que a escola é católica não significa que nela todos devem sê-lo, mas que seu projeto pedagógico parte de valores diferenciados, pautados no Evangelho e na doutrina da Igreja, e que existe um percurso evangelizador que vai atingir outras dimensões dos estudantes de diferentes faixas etárias. Também seria possível dizer, como o Papa Bento XVI, que o cristianismo não cresce por proselitismo, mas por atração. Nesse sentido, uma escola proselitista é incoerente com o próprio exemplo de Jesus, que traçou um caminho universal de humanidade independe da filiação ou não ao judaísmo.

Afirmar a independência do Ensino Religioso como componente curricular não significa descaracterizá-lo no contexto da escola católica, mas integrá-lo a uma proposta mais robusta de currículo evangelizador, pensado para toda a escola. Talvez seja institucionalmente cômodo e conveniente manter uma disciplina religiosa e catequética para satisfazer o "verniz" da confessionalidade. Talvez seja mais simples ofertar uma "aula de religião" do que pensar processos evangelizadores e sistematizar uma Pastoral Escolar com intencionalidade, investimentos e planejamento específico. Talvez, inclusive, seja mais barato não precisar contratar profissionais especializados nas Ciências da Religião, sendo suficiente contar com pessoas bem-intencionadas e religiosas. São opções que refletem como a instituição compreende o papel do Ensino Religioso.

## Aproximações e interfaces

Não é necessário que o Ensino Religioso adote um viés catequético ou doutrinal para que contribua com a evangelização na escola. Quando se pensa na complexa finalidade pastoral da escola católica, vê-se que mesmo aquilo que não carrega explicitamente a etiqueta religiosa pode ser manejado para contribuir com o desejo de formar pessoas maduras, interiorizadas, conscientes, espirituais e cristãs.

O primeiro grande trabalho que o Ensino Religioso tem é o de retirar o que pensamos sobre as religiões do campo do senso comum e levar a outro patamar, o do senso crítico, da fundamentação científica e filosófica. Aparentemente, essa seria uma contribuição que pesaria contra a evangelização, afinal, a religião depende de um ato de fé que não é meramente formal. O ato de fé, no entanto, não significa uma renúncia à razão ou ao olhar crítico. A fé cristã é, mais do que uma prática espiritualista, um critério. Essa compreensão criteriosa implica uma vivência mística, ou seja, próxima do mistério, despoluída daquilo que se construiu como adendo ao Evangelho. É justamente esse olhar crítico sobre a religião e sobre o próprio cristianismo que possibilita aos adolescentes e aos jovens do século XXI uma experiência cristã autêntica, na linha daquilo que Karl Rahner (1967) prenunciara ainda no século XX: o cristão do futuro ou será místico ou não será cristão. Talvez essa experiência crítica da fé ou da fé como crítica ao mundo seja a única porta de entrada para um cristianismo sadio que responda aos anseios mais profundos das juventudes contemporâneas.

A abertura à transcendência, de que fala a antropologia cristã, é, antes de tudo, uma consciência de que não somos finitos em nossa existência material, mas que existe uma realidade acessível a nós que nos ultrapassa. Essa realidade, na fé cristã, é Deus. Mas a própria ideia ou imagem de Deus está desgastada e cansada. Por isso falar de Deus é algo importante, e o Ensino Religioso ajuda nessa compreensão quando retira a questão de Deus do mero dado de fé e o coloca como fato humano e social. O Ensino Religioso, como planejado na BNCC, não quer convencer o estudante, *a priori*, da existência do divino, mas despertar o seu olhar para como o divino – existindo ou não metafisicamente – importa aos humanos. Em outras palavras, o Ensino Religioso ajuda os estudantes a perceberem que, como humanos, eles estão abertos à transcendência e que estão a todo tempo se movendo na busca dessa relação constitutiva de sua personalidade.

Essa autopercepção para a transcendência é a base de todo o processo evangelizador, como se vê:

- no caso de Jesus e da Samaritana, em que o Mestre revela à mulher suas buscas mais profundas;
- no caso dos discípulos de Emaús, quando Jesus parte dos sentimentos de angústia e aflição para revelar-se como ressuscitado; e
- no caso da pregação de Paulo na Acrópole, quando fala do "deus desconhecido".

Essa é uma preciosa contribuição do Ensino Religioso para o processo evangelizador e, no fundo, contribui também para se criar uma relação autêntica com Deus. Quando se desmistifica a narrativa religiosa com uma linguagem que a interpela para além do dado da fé, quando se entende processos inerentes às religiões como mitologização e coesão social, quando se situa a necessidade antropológica de rituais e a sintoniza com as práticas religiosas, a descoberta da religião cristã ganha um sentido a partir de dentro.

O fim das metanarrativas, como prenunciou Lyotard (2002), e que marca a nossa época dita "pós-moderna", insuflou uma percepção já difundida entre a civilização ocidental de que o argumento de autoridade não é absoluto nem suficiente. Certamente, uma pregação religiosa que responde à pergunta "Deus existe?" baseando-se apenas na afirmação "Ele existe, e isso não se questiona" não produz uma experiência religiosa duradoura – pelo menos não no século XXI –, aproximando-a mais à idolatria do que à fé. É nesse sentido que o Ensino Religioso contribui com a contínua e necessária crítica à razão idolátrica, que produz comportamentos religiosos danosos ao tecido social, como o fundamentalismo e o radicalismo.

Além desse contributo, conforme previsto na BNCC, o Ensino Religioso também lida com a pluralidade e a diversidade de crenças, sem fazer apologia a nenhuma delas em particular. Essa régua comum com a qual a experiência religiosa da humanidade é abordada curricularmente contribui para o fortalecimento das identidades religiosas dos estudantes, pois coloca-os em contato com o que, ao mesmo tempo, os diferencia e os singulariza. Essa é uma potente porta de abertura aos outros, ou seja, àqueles que não creem como eu creio, e têm um forte impacto nas relações sociais cotidianas.

Esse viés pluralista, muitas vezes, é criticado por posturas mais identitárias e conservadoras que defendem um Ensino Religioso estritamente confessional. Há um argumento de que abordar outras religiões seria igualar o cristianismo a elas, ou ainda legitimar aquelas crenças e doutrinas que não fazem parte do corpo de fé. Quando se analisa, entretanto, a proposta da BNCC para o Ensino Religioso, vê-se que em momento algum existe uma abordagem teológica, mas sempre axiológica e universal. A escola também pode incrementar o currículo partindo de um princípio católico de ecumenismo e diálogo inter-religioso, como se tem desenvolvido tanto na teologia cristã quanto no magistério eclesiástico desde o Concílio Vaticano II e corroborado pelo pensamento recente do Papa Francisco nas encíclicas *Laudato Si'* e *Fratelli Tutti*.

Havendo, na escola católica, um setor de pastoral devidamente organizado e presente, esses temores de perda da identidade relacionados ao Ensino Religioso se dissipam naturalmente, pois a escola católica disporia, dessa forma, de um espaço no qual a experiência de fé pode ser trabalhada com liberdade, adesão e profundidade. Ademais, os temores de uma contaminação pela pluralidade revelam mais a mentalidade anacrônica de gestores pedagógicos das instituições confessionais do que propriamente uma realidade. Quando se tem certeza do que se é, a diferença que o outro significa no sistema de crenças e visões do mundo não representa uma ameaça, mas um enriquecimento.

Ainda se fala muito de uma "crise de transmissão" como consequência da virada pós-metafísica que se tem empreendido desde a modernidade, no século XVIII. Há uma dificuldade de as novas gerações aderirem a valores tradicionais, familiares e religiosos. Um distanciamento que tem ressonâncias tanto na organização social e no engajamento político quanto na experiência religiosa e espiritual dos sujeitos. O Ensino Religioso traz para o repertório dos estudantes um riquíssimo patrimônio espiritual que vincula história, tradições, ancestralidade, costumes e éticas, contextualizando-o no universo simbólico de crianças e jovens de hoje, aplicando a esses saberes, que não estão em voga, uma utilidade e um valor ocultos sob o intenso brilho de telas e *smartphones*. Esse aspecto, enfim, é um forte contributo à Pastoral Escolar como projeto de reconexão entre jovens e gerações mais velhas, entre jovens e valores morais, entre jovens e Deus.

## Considerações finais

Em vias de uma conclusão, pode-se sintetizar o conteúdo abordado em uma única afirmação: na escola católica, Ensino Religioso não é Pastoral Escolar, nem Pastoral Escolar é Ensino Religioso, porém não são domínios que se excluem – eles se interpenetram e se complementam.

Numa escola católica, o Ensino Religioso compõe o currículo evangelizador e, portanto, evangeliza. No entanto, não pode substituir a tarefa de evangelizar que a Pastoral Escolar assume, seja por sua intencionalidade, seja por sua característica eclesial. Conservar a singularidade curricular do Ensino Religioso não significa perder a identidade confessional, mas aprofundá-la, pois exige sair de didáticas e planejamentos simplistas rumo a um investimento pastoral. Como o lugar da Pastoral Escolar não está garantido por lei, como o Ensino Religioso, as escolas precisam ser criativas e corajosas para se posicionarem a favor de uma evangelização transversal e significativa aos estudantes.

# REFERÊNCIAS


BENTO XVI. *Santa missa de inauguração da V Conferência Geral do Episcopado da América Latina e do Caribe* – Homilia do Papa Bento XVI. Cidade do Vaticano: Libreria Editrice Vaticana, 2007. Disponível em: https://www.vatican.va/roman_curia/congregations/ccatheduc/documents/rc_con_ccatheduc_doc_20220125_istruzione-identita-scuola-cattolica_po.html. Acesso em: 18 jan. 2023.

*Bíblia Sagrada*. Petrópolis: Vozes, 2012.

BRASIL. Lei n. 9.394, de 20 de dezembro de 1996. Estabelece as diretrizes e bases da educação nacional. *Diário Oficial da União*, Poder Legislativo, Brasília, DF, 23 dez. 1996. Disponível em: https://www.planalto.gov.br/ccivil_03/leis/l9394.htm. Acesso em: 27 abr. 2023.

BRASIL. Ministério da Educação. *Base Nacional Comum Curricular (BNCC): educação é a base*. Brasília, DF: MEC, 2018. Disponível em: http://basenacionalcomum.mec.gov.br/images/BNCC_EI_EF_110518_versaofinal_site.pdf. Acesso em: 27 abr. 2023.

CONGREGAÇÃO PARA A EDUCAÇÃO CATÓLICA. *A identidade da escola católica para uma cultura do diálogo*. Cidade do Vaticano: Libreria Editrice Vaticana, 2022. Disponível em: https://www.vatican.va/roman_curia/congregations/ccatheduc/documents/rc_con_ccatheduc_doc_20220125_istruzione-identita-scuola-cattolica_po.html. Acesso em: 28 mar. 2022.

FRANCISCO. *Carta Encíclica Fratelli Tutti sobre a fraternidade e a amizade social*. Cidade do Vaticano: Libreria Editrice Vaticana, 2020. Disponível em: https://www.vatican.va/content/francesco/pt/encyclicals/documents/papa-francesco_20201003_enciclica-fratelli-tutti.html. Acesso em: 28 abr. 2023.

FRANCISCO. *Carta Encíclica Laudato Si' sobre o cuidado da casa comum*. Cidade do Vaticano: Libreria Editrice Vaticana, 2015. https://www.vatican.va/content/francesco/pt/encyclicals/documents/papa-francesco_20150524_enciclica-laudato-si.html. Acesso em: 28 mar. 2022.

FRANCISCO. *Exortação Apostólica pós-sinodal Evangelii Gaudium sobre o anúncio do Evangelho no mundo atual*. Cidade do Vaticano: Libreria Editrice Vaticana, 2013. Disponível em: https://www.vatican.va/content/francesco/pt/apost_exhortations/documents/papa-francesco_esortazione-ap_20131124_evangelii-gaudium.html. Acesso em: 10 mar. 2023.

HAN, B-C. *O desaparecimento dos rituais*: uma topologia do presente. Petrópolis: Vozes, 2021.

JUNQUEIRA, S. R. A. *et al*. Dimensões para a Pastoral Escolar. *In*: JUNQUEIRA, S. R. A.; LEAL, V. A.; RIAL, G. *Compêndio de Pastoral Escolar para a educação básica na escola católica*. Petrópolis: Vozes, 2021.

LIMA, R. V. G.; BARBOSA, E. D. Uma breve retrospectiva da história da Educação Católica no Brasil. *Revista de Educação da Anec*, Brasília, v. 40, n. 153, p. 12-27, jan./jun., 2017. Disponível em: https://revistas.anec.org.br/index.php/revistaeducacao/article/download/22/12/174. Acesso em: 28 abr. 2023.

LYOTARD, J-F. *A condição pós-moderna*. 7. ed. Rio de Janeiro: José Olympio, 2002.

RAHNER, K. *Escritos de Teologia VI*. Madrid: Taurus Ediciones, 1967.

RIAL, G. CHESINI, C. Evangelização. *In*: JUNQUEIRA, S. R. A.; LEAL, V. A.; RIAL, G. *Compêndio de Pastoral Escolar para a educação básica na escola católica*. Petrópolis: Vozes, 2021.

## SUGESTÕES DE LEITURA

JUNQUEIRA, S.; BRANDENBURG, L.; KLEIN, R. (org.). *Compêndio do Ensino Religioso*. São Leopoldo: Sinodal; Petrópolis: Vozes, 2017.

- Ensino Religioso nas escolas públicas e confessionais: concepção, convergências diferenças – Lurdes Caron, p. 62-68.
- Ensino Religioso e Pastoral – Sonia de Itoz, p. 391-396.

- JUNQUEIRA, S.; LEAL, V.; RIAL, G. (org.). *Compêndio de Pastoral Escolar para a Educação Básica na escola católica*. Brasília: Edições CNBB; Petrópolis: Vozes, 2021.
- Pastoral Escolar – Gregory Rial e Ir. Claudia Chesini, p. 95-99.
- Ensino Religioso – Sérgio Junqueira, p. 124-133.

# Parte II

# Roteiros de atividades

*Há roteiros que propõem atividades com o uso de recursos digitais, como acesso à internet durante a aula de Ensino Religioso. Sempre que esses recursos não estiverem à disposição da realidade, sugere-se preparar sínteses, materiais impressos ou recorrer a outras metodologias para adaptá-los.*

A unidade Identidades e alteridades tem como intencionalidade possibilitar que "os estudantes reconheçam, valorizem e acolham o caráter singular e diverso do ser humano, por meio da identificação e do respeito às semelhanças e diferenças entre o eu (subjetividade) e os outros (alteridades), da compreensão dos símbolos e significados e da relação entre imanência e transcendência[20]" (BRASIL, 2018, p. 438).

| Ano escolar | Objeto | Habilidades |
|---|---|---|
| 1º Ano | O eu, o outro e o nós | (EF01ER01) Identificar e acolher as semelhanças e as diferenças entre o eu, o outro e o nós.<br>(EF01ER02) Reconhecer que o seu nome e o das demais pessoas os identificam e os diferenciam. |
| | Imanência e transcendência | (EF01ER03) Reconhecer e respeitar as características físicas e subjetivas de cada um.<br>(EF01ER04) Valorizar a diversidade de formas de vida. |
| 2º Ano | O eu, a família e o ambiente de convivência | (EF02ER01) Reconhecer os diferentes espaços de convivência.<br>(EF02ER02) Identificar costumes, crenças e formas diversas de viver em variados ambientes de convivência. |
| | Memórias e símbolos | (EF02ER03) Identificar as diferentes formas de registro das memórias pessoais, familiares e escolares (fotos, músicas, narrativas, álbuns etc.).<br>(EF02ER04) Identificar os símbolos presentes nos variados espaços de convivência. |
| | Símbolos religiosos | (EF02ER05) Identificar, distinguir e respeitar símbolos religiosos de distintas manifestações, tradições e instituições religiosas. |
| 3º Ano | Espaços e territórios religiosos | (EF03ER01) Identificar e respeitar os diferentes espaços e territórios religiosos de diferentes tradições e movimentos religiosos.<br>(EF03ER02) Caracterizar os espaços e os territórios religiosos como locais de realização das práticas celebrativas. |

20 BRASIL. Ministério da Educação. Base Nacional Comum Curricular (BNCC): educação é a base. Brasília: CNE/CEB, 2018, p. 438.

# O eu, o outro e o nós

Francine Porfírio Ortiz[21]

Abordar o objeto de conhecimento "O eu, o outro e o nós" com estudantes de aproximadamente seis anos implica conhecer e identificar a maturidade neurocognitiva dessa faixa etária. As atividades, que demandam capacidades relacionadas à memória, à atenção, à evocação, à linguagem, à orientação temporo-espacial, à inibição de comportamentos, dentre outras, precisam ser adequadas ao estágio de desenvolvimento neuropsicomotor do estudante. Por esse motivo, propomos atividades que podem ser adaptadas segundo a realidade, com uma observação atenta às condições que os estudantes apresentam para possibilidades de aprofundamento.

A percepção do estudante dessa faixa etária sobre si mesmo é mediada, especialmente, por sua comunidade verbal, que se compõe das pessoas que o ajudam a identificar aspectos físicos e subjetivos que o definem, a fim de nomeá-los e interpretá-los. O seu vocabulário emocional, isto é, a sua capacidade de identificar, descrever e nomear emoções, depende, principalmente, da qualidade dessa comunidade verbal em mediar essa aprendizagem. Isso significa que o estudante depende de uma comunidade verbal sensível para ajudá-lo a entender as suas próprias emoções. Aprender sobre as próprias emoções é

21 Mestra em Educação pela Universidade Federal do Paraná (UFPR), especialista em Terapia Comportamental e Cognitiva pela Faculdade Evangélica do Paraná (Fepar), especialista em Pedagogia, com ênfase em Gestão e Docência, pela Pontifícia Universidade Católica do Paraná (PUCPR), especialista em Assessoria Linguística pelo Instituto Tecnológico e Educacional de Curitiba (Itecne) e bacharel em Psicologia (Fepar). Atua como psicóloga clínica analítico--comportamental. É pesquisadora e palestrante sobre desenvolvimento socioemocional, habilidades educativas e espiritualidade em sua relação com a saúde mental. Autora, preparadora textual e revisora de materiais didáticos e literários.

essencial para a autorregulação emocional, que envolve a capacidade de aceitar, administrar e expressar as emoções de um modo adequado à situação e às pessoas envolvidas. Aos seis anos, o estudante ainda não está suficientemente maduro para conseguir processar e expressar adequadamente as suas emoções sem auxílio. Áreas neurocognitivas associadas à racionalidade e à sensibilidade emocional ainda não alcançaram um estado maduro de desenvolvimento, de modo que a expressão de sentimentos aversivos como frustração e raiva pode envolver comportamentos desajustados e, muitas vezes, julgados pelos adultos como teimosia ou birra infantil.

O choro infantil é uma expressão rudimentar de desconforto. No vocabulário emocional da criança, o choro pode expressar emoções que, racionalmente, ela não consegue entender ou lidar sozinha. É papel dos adultos, responsáveis por educar a criança, ensinar estratégias eficientes para que ela possa lidar com as emoções. Obviamente, essa tarefa pode se tornar árdua se nos impacientarmos com as expressões emocionais de uma criança por considerá-las inapropriadas ou passíveis de punição. Se a uma criança que chora dissermos para "parar de chorar" ou que "fazer birra não adianta", estaremos, igualmente, dizendo-lhe que suas emoções incomodam, atrapalham, transtornam ou irritam as pessoas ao redor. Isso acontece porque, quando censuramos o choro de uma criança, igualmente, censuramos a emoção que o choro expressa. Para parar o choro, interrompemos a emoção. A esse fenômeno chamamos de "invalidação". Ambientes que invalidam, constantemente, as emoções na infância, principalmente por meio de condutas punitivas, tendem a prejudicar o autoconhecimento e, por consequência, ensinar que as emoções devem ser evitadas. Desconhecer as próprias emoções pode, inclusive, dificultar a empatia necessária para se compreender e validar as emoções dos outros.

As atividades propostas para esse objeto de conhecimento, portanto, visam oferecer aos estudantes condições para observarem a si mesmos e às pessoas. É importante que a mediação do professor nesse processo de ensino-aprendizagem se realize de modo empático, acolhedor e seguro para eles.

A seguir, indicamos algumas referências que podem favorecer o trabalho pedagógico com essa faixa etária.

## REFERÊNCIAS


BRANDÃO, A. dos S.; CALIATTO, S. G. Contribuições da neuroeducação para a prática pedagógica. *Revista Exitus*, v. 9, n. 3, p. 521-547, 2019. Disponível em: http://www.ufopa.edu.br/portaldeperiodicos/index.php/revistaexitus/article/view/926. Acesso em: 18 jan. 2023.

BRASIL. Ministério da Educação. *Base Nacional Comum Curricular – BNCC:* educação é a base. Brasília: MEC, 2018. Disponível em: http://basenacionalcomum.mec.gov.br/images/BNCC_EI_EF_110518_versaofinal_site.pdf. Acesso em: 27 abr. 2023.

CAPELO, M. R. T. F.; VARELA, J. M. C.; SERRANO-DÍAZ, N. Perceção, expressão e valorização das emoções das crianças na educação pré-escolar. *Revista Exitus*, v. 8, n. 2, p. 137-162, 2018. Disponível em: http://www.ufopa.edu.br/portaldeperiodicos/index.php/revistaexitus/article/view/532. Acesso em: 18 jan. 2023.

CRIANÇAS também podem meditar? | Monja Coen | Zen Budismo. [*S. l.: s. n.*], 2016. 1 vídeo (6 min.). Publicado pelo canal MOVA – *Facebook*. Disponível em: https://www.facebook.com/watch/?v=998254070252575. Acesso em: 7 mar. 2023.

SANT'ANNA, V. L. L.; ALMEIDA, A. S. de; ELIAS, J. L. S. A importância da afetividade na relação professor/aluno no âmbito escolar: crianças de 4 a 7 anos. *Pedagogia em Ação*, v. 3, n. 2, 2011. Disponível em: http://periodicos.pucminas.br/index.php/pedagogiacao/article/view/5798. Acesso em: 18 jan. 2023.

## ROTEIRO 01

| Título/tema | As pessoas e as suas diferentes maneiras de se expressar |
| --- | --- |
| Unidade temática | Identidades e alteridades |
| Objeto de conhecimento | O eu, o outro e o nós |
| Habilidade(s) | (EF01ER01) Identificar e acolher as semelhanças e as diferenças entre o eu, o outro e o nós. |
| Previsão de horas/ aula(s) | Três horas/aulas |
| Recursos | • Equipamento para projeção audiovisual com acesso à internet.<br>• Acesso à internet para reproduzir vídeos disponíveis no YouTube.<br>• Cartões de tamanho mediano com expressões das emoções: raiva, tristeza, nojo, medo e alegria.<br>• Cartolina e canetinhas para produzir uma lista de atividades que ajudam a nos sentirmos bem conosco e com os outros.<br>• Imagens de pessoas de diferentes tradições religiosas rezando em diversos ambientes.<br>• Imagem de budistas meditando.<br>• Folha de papel A4, canetinhas, lápis de cor, tesoura, cola e purpurina para cada estudante.<br>• Imagens ilustrativas de atividades que nos ajudam a nos sentirmos bem (meditar, praticar a caridade, rezar, conversar com alguém, brincar etc.). |

## OBSERVAÇÃO

### Atividade mobilizadora 1

Nesta atividade, vamos incentivar os estudantes a perceberem as suas próprias emoções e a de seus pares, associando-as com situações, para que eles possam perceber que o ser humano sente os efeitos de sua interação com o ambiente e com as demais pessoas. Esta atividade tem como objetivo principal a identificação e a nomeação das emoções, com uma introdução a atitudes de autorregulação emocional e de ajuda ao outro.

Prepare cartões de tamanho mediano com expressões das emoções: raiva, tristeza, nojo, medo e alegria. O tamanho deve ser cômodo para os estudantes segurarem e para que aqueles que estiverem do outro lado da roda possam visualizar. Por exemplo:

Convide os estudantes para se sentarem no chão em círculo.

Apresente e pergunte sobre a imagem de cada cartão:

- O que essa criança está sentindo?
- O que nos faz sentir essa emoção?
- O que acontece quando sentimos essa emoção?
- O que nos ajuda quando sentimos essa emoção?
- Como podemos ajudar quem está sentindo essa emoção?

Em cada pergunta, ajude-os com exemplos que favoreçam a reflexão. Se a emoção for a raiva, pode-se dizer:

- A criança está sentindo raiva.
- Sentimos raiva quando a mamãe ou o papai não nos deixa brincar?
- A raiva faz o coração disparar, o corpo ficar agitado, a voz soar mais alto... Às vezes, podemos até brigar com o outro, não é?
- Falar com um amigo ajuda a passar a raiva? E receber um abraço?
- E quando alguém que nos fez sentir raiva nos pede desculpas, a raiva vai embora?

## Atividade mobilizadora 2

Nesta atividade, por meio de músicas, vamos ajudar os estudantes a entenderem que sentir emoções é normal para todos nós. O importante é como essas emoções vão nos influenciar e a quem estiver ao nosso lado.

Apresente o videoclipe "Sinto o que sinto", de Mundo Bita, disponível no YouTube, e incentive os estudantes a cantarem junto.

**VIDEOCLIPE**

MUNDO Bita – Sinto o que sinto [clipe infantil]. 1 vídeo (3 min.), 2018. Publicado pelo canal Mundo Bita.

Aborde a letra da canção explicando cada estrofe, pedindo e apresentando exemplos aos estudantes de emoções diferentes das que vimos nos cartões: calma, curiosidade, amor, inveja, entusiasmo etc.

Incentive a comentarem como as pessoas expressam as suas emoções: palavras, gestos, expressões faciais, atitudes, choro etc. Depois, ajude-os a reconhecerem quando isso acontece na turma, com amigos, familiares. É válido explorar como as pessoas se expressam e os impactos e as consequências disso nos relacionamentos.

Relembre as estrofes da música: "Em cada tropeço que a gente dá, a calma deve ser a porta pra raiva não entrar" e "Quando fico triste, sei um bom remédio pra curar: gargalhadas de um amigo nunca deixam de alegrar". Explique que muitas atividades nos ajudam quando sentimos raiva, tristeza, nojo ou medo. Essas atividades, às vezes, até nos levam a deixar de sentir emoções incômodas, substituindo-as pela alegria.

É importante mencionar situações nas quais o sentir se manifesta em forma de choro, para que os estudantes percebam ser uma expressão envolvida não apenas em momentos de tristeza, mas também de alegria por alguma conquista, como ganhar um animalzinho de estimação (cachorro, gato etc.), aprender a andar de bicicleta ou vencer o medo do escuro.

Caso a turma tenha maturidade para ouvir, comente que o Papa Francisco, líder religioso do cristianismo católico, no dia 8 de dezembro de 2022, chorou durante um momento de oração quando pronunciava uma prece pelo povo da Ucrânia em guerra com a Rússia. Seu choro foi ocasionado pela emoção ao apresentar a Deus a súplica pelas crianças, pelos idosos, pelos pais e pelas mães dos jovens ucranianos que sofrem pela situação de guerra, para que a paz prevaleça.

É importante destacar a necessidade de respeitar as diferentes formas de as pessoas expressarem emoções, como colegas e familiares, para que as nossas atitudes sejam acolhedoras ao sentir do outro, e para que as suas expressões não sejam empecilhos a uma boa convivência.

Com a participação dos estudantes, escreva, em uma cartolina, uma lista de atividades que os ajudam a se sentirem bem consigo mesmos e com os outros. Algumas atividades podem ser retomadas da atividade anterior, nas respostas às perguntas: "O que nos ajuda quando sentimos essa emoção?" e "Como podemos ajudar quem está sentindo essa emoção?". É importante que o professor produza essa lista com as ideias dos estudantes. A cartolina pode ser mantida na sala, em um lugar visível, com o objetivo de servir de orientação para os estudantes aprenderem a regular as suas emoções recorrendo às informações sempre que necessário.

Sugestões de atividades que podem ser apresentadas para estimular os estudantes na identificação do que lhes faz bem: brincar, conversar com a família, pedir ajuda aos professores, conversar com um amigo, tentar ver o lado bom das coisas, afastar-se de quem está tendo atitudes que lhes façam mal, cantar, praticar algum esporte etc.

### Atividade mobilizadora 3

Nesta atividade, vamos introduzir o ato de rezar como uma prática religiosa na lista de atividades que ajudam as pessoas a administrarem melhor as suas emoções.

Pergunte para os estudantes se rezar pode ajudar uma pessoa a se sentir melhor. Com base nas respostas, explique o que é rezar e comente que as tradições religiosas ensinam a fazê-lo. Mencione os diferentes momentos nos quais as pessoas rezam: antes de comer, para agradecer o alimento; antes de dormir, para agradecer o dia vivido; quando visitam igrejas, templos ou participam de ritos e celebrações; antes de fazer uma viagem, para pedir proteção; quando acontece algo triste, para pedir ajuda e calma; quando alguém está doente...

Mostre imagens de pessoas de diferentes tradições religiosas rezando em diversos ambientes (ao ar livre, em templos, à mesa etc.). Peça para os estudantes descreverem o que veem nas imagens, dando ênfase às expressões de quem reza (calma, paz, serenidade, alegria etc.). Comente quais são as tradições religiosas representadas e pergunte, para cada imagem, se estão curiosos sobre algo que veem nela (aproveite o momento para descrever características singulares das tradições, como as vestimentas, os símbolos religiosos, os gestos etc.). Ajude-os a perceberem a importância de respeitar o que é próprio do outro.

## IDENTIFICAÇÃO E ANÁLISE

Lembrando a lista de atividades que nos ajudam a nos sentirmos melhor, comente sobre a prática Ho'oponopono, uma tradição havaiana que incentiva a reconciliação e o perdão por meio de um mantra que repete quatro frases principais: "Sinto muito. Me perdoe. Eu te amo. Gratidão". Converse com os estudantes sobre cada frase, explorando quando as expressamos e por que são importantes nas relações. O objetivo é ajudá-los a perceberem que esse mantra procura guiar o praticante a vivenciar essas quatro etapas emocionais: arrependimento, perdão, amor e gratidão. Convide-os a se posicionarem de um jeito confortável, fecharem os olhos, respirarem profundamente (sugere-se três ciclos de respiração lenta) e repetirem esse mantra algumas vezes. Caso considere apropriado, sugere-se realizar um exercício utilizando o Ho'oponopono para crianças, proposto pelo canal Guru da Lua no YouTube.

**VÍDEO**

[PURIFICAÇÃO] Ho'oponopono kids | Guru da Lua| Meditação para crianças | Criação e Voz Liz Dias. 1 vídeo (8 min.), 2020. Publicado pelo canal Guru da Lua. - a partir do minuto 4:22.

Após o exercício do mantra, pergunte como se sentem e explique que respirar profundamente e falar palavras que despertam boas emoções ajuda a recuperar a calma em momentos difíceis.

Comente que algumas tradições religiosas incentivam a prática da meditação para alcançar um estado de calma que permita, inclusive, resolver pacificamente os problemas. Esclareça que a nossa mente é muito ativa e sempre está pensando no que aconteceu e no que poderá acontecer, por isso a meditação é uma forma de acalmar a mente e observar as coisas com clareza. Explique que o budismo, por exemplo, ensina a meditação como um meio de purificar a mente e o coração, tirando os pensamentos ruins e tristes, para que a pessoa possa fazer boas escolhas e desapegar-se do que prejudica o seu crescimento.

Questione os estudantes se há algo que saibam de suas tradições religiosas ou de alguma que conhecem que, assim como no budismo, oferece ensinamentos sobre como purificar a mente e o coração, sobre como realizar boas escolhas.

Convide os estudantes para um exercício de meditação. Sugere-se reproduzir a meditação guiada da psicóloga Amanda Schultz, disponível em seu canal no YouTube.

**VÍDEO**

MEDITAÇÃO Guiada para crianças – Simples e eficaz. 1 vídeo (6 min.), 2017. Publicado pelo canal Amanda Schultz. – a partir do minuto 2:02.

Ao fim do exercício de meditação, reserve um momento de silêncio para que os estudantes continuem um pouco mais sob os efeitos do exercício meditativo. Depois, incentive o compartilhamento de opiniões por meio de perguntas que os levem a identificarem as emoções sentidas durante o exercício, associando-as com um estado físico que induz à calma (posição confortável, respiração consciente, relaxamento muscular...). É importante que os estudantes percebam que buscar um estado de calma é possível sempre que necessário, desde que sigam o passo a passo que aprenderam: buscar um lugar silencioso, acomodar-se, respirar, relaxar...

Apresente uma imagem de budistas meditando. Relembre que a prática meditativa é orientada pelo budismo, uma tradição religiosa que ensina aos seus seguidores a purificar a mente e o coração. Entregue uma folha de papel para cada estudante e distribua lápis. Peça que desenhem a si mesmos meditando. Ao redor, peça que desenhem o que pensaram ou sentiram enquanto meditavam.

É importante que os estudantes vejam as artes uns dos outros. Sugere-se que eles segurem os seus desenhos e circulem pela sala, parando para observar os desenhos dos colegas.

Ao fim, sugere-se incentivar os estudantes a compartilharem as suas opiniões sobre os desenhos e o que eles representam a respeito da meditação e das emoções sentidas ao praticá-la.

Ajude-os a reconhecerem semelhanças e diferenças praticando o respeito ao mencioná-las.

## APROPRIAÇÃO E RESSIGNIFICAÇÃO

Convide os estudantes para se sentarem em círculo. Relembre as atividades anteriores, quando conversaram sobre as emoções e sobre como é possível se acalmar quando se tem sentimentos difíceis de lidar.

Aponte a lista de atividades que podem fazê-los se sentirem melhor e destaque aquelas relacionadas às pessoas com as quais convivem, por exemplo: brincar com amigos, conversar com a família, participar de alguma atividade promovida pela tradição religiosa, abraçar alguém, comer o bolo da vovó etc. Comente sobre quais emoções surgem quando compartilhamos momentos que envolvem a gentileza, a solidariedade, a oração, a amizade ou a diversão com as pessoas.

Converse sobre como é bom um lugar em que as pessoas se ajudam, não se agridem nem se desrespeitam. Apresente o vídeo "Fazer o bem sem olhar a quem", disponível no YouTube.

**VÍDEO**

LIÇÃO de vida – Fazer o bem sem olhar a quem! 1 vídeo (6 min.), 2013. Publicado pelo canal Celio Andrade.

Auxilie os estudantes a interpretarem cada gesto de bondade das pessoas no vídeo, mostrando que a emoção que sentimos quando nos fazem o bem nos leva a ter vontade de fazer o bem a outra pessoa também. Destaque que as ações relacionadas a fazer o bem são sugeridas por muitas tradições religiosas como meios de ajudar o próximo em suas necessidades, despertar na sociedade boas práticas e sentimentos, ajudar as pessoas a se sentirem bem consigo mesmas e a conviverem respeitosamente umas com as outras.

Divida os estudantes em duplas ou trios e oriente-os a conversarem sobre o que a família, os amigos ou alguém da tradição religiosa deles lhes fazem que desperta boas emoções. Depois, distribua para os estudantes uma folha de papel, canetinhas, lápis de cor, tesoura, cola e purpurina.

Oriente para que criem um cartão de agradecimento a alguém que já os ajudou quando se sentiam tristes, com raiva ou com medo. A ideia é presentear esse cartão como uma forma de gratidão, explicando aos estudantes que a gratidão é uma atitude recomendada pelas tradições religiosas.

É importante que os estudantes compreendam que a gratidão é uma maneira de reconhecer o bem que alguém nos promoveu.

## ATIVIDADE AVALIATIVA

É importante que a avaliação seja processual, acompanhando o envolvimento e o interesse dos estudantes em cada etapa da aprendizagem.

Oriente os estudantes a produzirem um cartaz a ser fixado em lugar visível da escola. Estenda papel kraft no chão e distribua canetinhas, lápis de cor e imagens ilustrativas, previamente selecionadas, para a confecção do cartaz.

O cartaz deve oferecer sugestões de atividades que ajudem as pessoas a lidarem melhor com as emoções difíceis. Relembre aos estudantes as atividades possíveis de se fazer sozinhos, como a meditação, e mencione também aquelas que dependem de pessoas para serem realizadas, como receber um abraço ou brincar para se acalmar. Ajude-os a escreverem frases explicativas no cartaz.

Ao fim da produção, cada estudante pode dizer qual atividade representada no cartaz mais o ajuda quando não está alegre.

Após executada a atividade avaliativa, analise o nível de entendimento dos estudantes sobre as abordagens realizadas no desenvolvimento do conteúdo proposto, observando como acolhem as semelhanças e as diferenças entre as pessoas e retomando o que precisa ser mais bem clarificado.

## ROTEIRO 02

| Título/tema | Somos diferentes, mas com direitos iguais |
|---|---|
| Unidade temática | Identidades e alteridades |
| Objeto de conhecimento | O eu, o outro e o nós |
| Habilidade(s) | (EF01ER01) Identificar e acolher as semelhanças e as diferenças entre o eu, o outro e o nós. |
| Previsão de horas/aula(s) | Duas horas/aulas |
| Recursos | • Equipamento para projeção audiovisual com acesso à internet.<br>• Contorno de uma pessoa, feito em cartolina, para cada estudante.<br>• Lápis de cor ou canetinhas aos estudantes.<br>• Acesso à internet para reproduzir vídeos disponíveis no YouTube.<br>• Documentário "Five: cinco crianças, cinco religiões, cinco minutos" (disponível na internet).<br>• Poema "O direito das crianças", de Ruth Rocha (disponível na internet).<br>• Painel de opiniões com dois bolsinhos: um com rostinho feliz e outro com rostinho triste.<br>• Papéis e lápis para os estudantes escreverem opiniões sobre como acham que a escola lida com as diferenças.<br>• Equipamento para gravar em vídeo o jogral proposto na avaliação (pode ser o *smartphone*). |

## OBSERVAÇÃO

### Atividade mobilizadora 1

Nesta atividade, vamos explorar as diferenças como uma expressão natural da diversidade e das identidades. O objetivo é introduzir noções sobre a diversidade cultural e religiosa para respeitá-la.

Organize a sala de modo a deixar um espaço amplo para os estudantes circularem. Peça que caminhem pela sala observando os colegas em silêncio. Durante a atividade, oriente para que observem as roupas, os cabelos, a cor dos olhos, a cor da pele, a altura, as proporções físicas, o jeito de andar etc. dos colegas.

Depois, convide-os para se sentarem em círculo e conversarem sobre a dinâmica. Ajude-os com perguntas para que percebam que todos são diferentes: ninguém é igual a ninguém quando observamos a aparência física.

### Atividade complementar

Para enriquecer a reflexão envolvendo as diferenças e as semelhanças existentes na turma, sugere-se preparar contornos de pessoas separados individualmente, feitos em cartolina, semelhantes ao que está proposto na imagem. Entregue para cada estudante um contorno e disponibilize a todos lápis de cor ou canetinhas, para que o complete com as suas próprias características. Após concluída essa etapa, organize com os estudantes a junção dos desenhos personalizados unindo as mãos. Com a turma, identifique as semelhanças e as diferenças e as descreva. Depois, coletivamente, oriente-os a elaborarem uma frase que expresse o respeito às diferenças, para que elas não sejam empecilhos à boa convivência.

### Atividade mobilizadora 2

Reforce a necessidade do respeito às diferenças, justamente porque cada pessoa tem o seu próprio jeito de ser, agir e se vestir.

Para tornar o momento mais lúdico, ensine uma canção-tema sobre respeito e coreografe a letra, para que os estudantes possam dançar a música ensinada. Sugere-se a música "Respeito é bom", de Bellinha, a Ovelhinha, disponível no YouTube.

**VÍDEO**

Bellinha – Respeito é bom (vídeo oficial). 1 vídeo (3 min.), 2019. Publicado pelo canal Bellinha, a Ovelhinha.

### Atividade complementar 1

Imprima a letra da música e distribua versos para que os estudantes produzam desenhos a partir deles. Essas artes podem compor um livreto com a letra da música para ser disponibilizado na biblioteca da escola.

### Atividade complementar 2

Os estudantes podem realizar uma apresentação da música-tema e da coreografia para as demais turmas da escola.

## IDENTIFICAÇÃO E ANÁLISE

Nesta atividade, vamos associar o respeito às diferenças a práticas religiosas como expressões da diversidade cultural das crianças. Apresente o vídeo "Five – Cinco crianças, cinco religiões, (quase) cinco minutos", produzido por The Mercadantes.

**VÍDEO**

FIVE – Cinco crianças, cinco religiões, (quase) cinco minutos. 1 vídeo (5 min.), 2015.

Pergunte para os estudantes as diferenças que viram no jeito de se vestir e rezar de cada criança presente no vídeo. Comente sobre essas diferenças se referirem à religião de cada família à qual essas crianças pertencem. Pergunte se reconhecem alguma religião que o vídeo apresenta: judaísmo, taoísmo, hinduísmo e tradição religiosa de matriz africana. Apresente informações gerais e suscintas sobre essas tradições, respeitando a faixa etária, para contextualizar aos estudantes o que representam.

Comente que todas as diferenças devem ser respeitadas, inclusive as religiosas. Pergunte se há na turma alguém que pertence a alguma tradição religiosa e acolha as respostas, ajudando os estudantes a demonstrarem respeito uns pelos outros.

Pergunte aos que se identificarem como pertencentes a uma tradição religiosa se realizam alguma prática religiosa como as representadas nos vídeos e com que periodicidade isso ocorre (diária, semanal, quinzenalmente...). Permita que comentem essas práticas e o que sabem sobre por que as fazem, destacando com quem aprenderam a realizá-las.

## APROPRIAÇÃO E RESSIGNIFICAÇÃO

Converse com os estudantes sobre o respeito ser um direito de todos. Explique que "direito" significa que ninguém pode maltratar outra pessoa por suas diferenças. Comente que as crianças têm muitos direitos, como o direito à alimentação, ao vestuário, à segurança, à educação, dentre outros. Ninguém pode deixá-las sem comida, sem roupas para ficarem quentinhas, em lugares onde não estão protegidas, sem uma escola para aprender etc. Às vezes, as famílias podem ter dificuldades para garantir esses direitos, mas há lugares onde podem encontrar ajuda se precisarem. Esclareça que os adultos, principalmente os professores, também observam se as crianças estão bem e se preocupam com elas. Por isso, se a família estiver com alguma dificuldade, a escola também pode oferecer orientação.

Explore com os estudantes sobre o ser humano não ser só no mundo. Ajude-os a imaginarem como seria se vivessem sozinhos e não tivessem com quem compartilhar os seus dias, com quem brincar, com quem conversar... Deixe-os falarem e mencione que ficar por algumas horas sozinho é algo até saudável, mas passar a vida sem ter com quem compartilhar brincadeiras, conversar e até rezar, certamente, é algo que pode ser muito triste. Motive-os a conversarem sobre as suas experiências em diferentes espaços: na família, na comunidade de amigos do prédio ou bairro onde moram, na comunidade religiosa, dentre outros. Ajude--os a reconhecerem que esses espaços são constituídos de pessoas diferentes e conviver com elas é sempre uma forma de aprendizado. Comente que as religiões ensinam que nessa convivência com as diferenças é muito importante valorizar cada pessoa. Ser diferente é um direito de cada um de nós.

Apresente o poema "O direito das crianças", de Ruth Rocha (disponível na internet em *sites* como *Pensador*). Ajude os estudantes a interpretarem o poema dentro das condições de interpretação deles. O objetivo é que eles percebam que têm o direito de serem crianças, e que, na sala de aula, todos podemos ajudar para que ninguém se sinta desrespeitado com relação a seus direitos de manifestar preferências, ter uma opção religiosa ou não, de usar símbolos e expressões religiosas.

## Atividade complementar

Se possível, elabore um painel de opiniões ou outro material de fácil acesso. No painel, coloque dois bolsinhos: um com rostinho feliz e outro com rostinho triste. Explique que esse painel é para que os estudantes sempre possam expressar como se sentem na escola, deixando bilhetes nele.

Descreva que, no bolsinho de rostinho feliz, os estudantes podem deixar bilhetes sobre algo de bom que a escola tem ou faz para promover o respeito às diferenças. No bolsinho de rostinho triste, os estudantes podem deixar bilhetes sobre o que não está legal ou não gostam na escola porque fere o respeito e o acolhimento às diferenças. Comprometa-se a ler os bilhetes deixados por eles periodicamente.

O painel de opiniões é uma atividade de longo prazo que favorece o contato dos estudantes com um ambiente democrático, onde se sintam acolhidos e seguros. Os bilhetes podem ser anônimos, o importante é seu conteúdo ser considerado e devidamente respondido para o estudante ou a turma. Painéis como esse tendem a produzir efeitos positivos no clima escolar da sala de aula, sendo um instrumento importante para o professor identificar possíveis problemas de relacionamento entre os estudantes que não são explícitos.

Elegemos essa atividade como uma possibilidade para ampliar a leitura sobre o que acontece com os estudantes e na realidade da sala de aula, visto ser uma estratégia que permite esse acompanhamento periódico. Se o painel contiver bilhetes esquecidos, ou que são lidos e ignorados, seu efeito pode ser bastante prejudicial, e os estudantes podem se sentir inseguros com relação à escola ser um espaço de suporte socioemocional. O compromisso do professor, portanto, é fundamental para que o painel de opiniões cumpra o seu objetivo.

## ATIVIDADE AVALIATIVA

Organize os estudantes em roda e proponha elaborar coletivamente um jogral sobre o respeito às diferenças e ao direito de ser criança. O professor pode ser o escriba, escrevendo, em uma folha de papel kraft ou na lousa, as frases que forem sendo ditas. Para orientar a produção e a organicidade do trabalho, sugere-se propor o início das frases para que possam ser complementadas, tais como: "Andando pela cidade, vemos pessoas que usam..."; "Na nossa escola, tem pessoas que se vestem com..."; "Na nossa família, tem pessoas que praticam uma religião fazendo..."; "Ao ver alguém rezando, devemos..."; "Ao sabermos que o nome de um colega é de origem religiosa..."; "Ao estarmos diante de alguém diferente de nós, é preciso..."; "Quando alguém usa um estilo de cabelo diferente...".

Após concluir a produção, oriente a turma para que cada palavra ou frase do jogral seja dita por um estudante. Sugere-se gravar para, depois, editar um vídeo a ser transmitido aos estudantes com o resultado. A gravação pode ser feita via celular, e a edição pode ser realizada por meio de *softwares* gratuitos disponíveis na internet.

No decorrer do desenvolvimento da atividade avaliativa, identifique quais aspectos do respeito às diferenças foram assimilados, de modo a retomar informações que possam garantir a aprendizagem do respeito por aquilo que é do outro.

# O eu, o outro e o nós

Daniela Aparecida Tomazini[22]

Os estudantes do segundo ano precisam de atividades concretas para compreenderem os temas propostos nesta unidade temática. Por isso, sugerimos o uso de atividades lúdicas para favorecer a compreensão da sua identidade pessoal e o reconhecimento de si mesmos como sujeitos únicos e valiosos no mundo e para o mundo.

É preciso que o professor desperte em cada estudante o olhar para si mesmo e o leve a se perceber como um ser único e repleto de potencialidades que serão desenvolvidas e aprimoradas a partir do meio social no qual estão inseridos: família, escola, comunidade religiosa, amigos etc.

Espera-se que o estudante, ao reconhecer a sua individualidade, perceba que o outro também é um ser único e especial, sendo um dever de todos respeitar as diferenças que constituem cada pessoa para uma convivência pacífica e acolhedora.

A seguir, sugerimos algumas referências que podem ajudar no desenvolvimento do conteúdo proposto.

22 Licenciada e mestra em Ciências Sociais pela Universidade Federal de Uberlândia (UFU), especialista em Docência na Educação Superior e em Ciências da Religião também pela UFU. É professora de Ensino Religioso na rede municipal de Uberlândia e na rede privada de educação, no Instituto Teresa Valse.

## REFERÊNCIAS

GENTILE, P. Assim se forma a identidade. *Nova Escola*, 1 ago. 2003. Disponível em: https://novaescola.org.br/conteudo/128/assim-se-forma-a-identidade/. Acesso em: 18 jan. 2023.

DAMASCENO, S. A. C.; SILVA, M. B. da. O ensino de identidades e alteridades no componente curricular de Ensino Religioso segundo a BNCC em questão. *In*: SILVA, A. A. da. *et al*. (org.). Congresso ANPTECRE, v. 1, GTs, 8., 2022, Porto Alegre. *Anais eletrônicos* [...]. Porto Alegre: Fundação Fenix, p. 57-65, 2022. Disponível em: https://www.fundarfenix.com.br/_files/ugd/9b34d5_09e28e90fb414f28ba3db74b5137e6cf.pdf#page=57. Acesso em: 22 fev. 2023.

## ROTEIRO 01

| Título/tema | Meu nome, minha identidade |
|---|---|
| Unidade temática | Identidades e alteridades |
| Objeto de conhecimento | O eu, o outro e o nós |
| Habilidade(s) | (EF01ER01) Identificar e acolher as semelhanças e as diferenças entre o eu, o outro e o nós.<br>(EF01ER02) Reconhecer que o seu nome e o das demais pessoas os identificam e os diferenciam. |
| Previsão de horas/aula(s) | Duas horas/aulas |
| Recursos | • Equipamento para projeção audiovisual com acesso à internet.<br>• Papel com quadro a ser complementado pelo estudante com informações sobre ele.<br>• Lápis para os estudantes preencherem o quadro;<br>• Papel kraft para painel.<br>• Exemplos de pessoas com o mesmo nome, mas com características diferentes.<br>• História "Maria vai com as outras", de Sylvia Orthof (Ática, 2019), para conversa em grupo.<br>• Retângulo de papel colorido, um para cada estudante, em tamanho que possibilite a escrita de seus nomes.<br>• Tela ou papel para autorretrato a cada estudante.<br>• Lápis de cor. |

## OBSERVAÇÃO

**Atividade mobilizadora 1**

Que tal começar a falar de identidade despertando nos estudantes o olhar para si mesmos? Vamos propiciar um momento para que eles possam pensar e apresentar aos colegas informações sobre si mesmos: o que gostam de fazer, a sua idade, como se veem, quais são os seus lugares preferidos, o que os deixa tristes, o que os faz sorrir etc.

Os objetivos da atividade junto aos estudantes são: refletir sobre a sua autoimagem; identificar as suas preferências; e reconhecer as diferenças e as semelhanças entre eles e os seus colegas.

Para realizar a atividade, sugere-se preparar um quadro a ser complementado pelos estudantes. Veja a sugestão a seguir:

Um pouquinho sobre mim:

- Este(a) sou eu
- Meu nome
- Minha idade
- Minha cor favorita
- Meu lugar favorito no mundo
- O que eu mais gosto de fazer
- O que me deixa triste
- Minha brincadeira preferida

**DICA**

Você pode utilizar o Canva (aplicativo de *design* gráfico) e preparar uma atividade mais apropriada ao perfil dos estudantes, inserindo imagens e fazendo questionamentos que sejam significativos à sua abordagem e realidade. Na página 143 você encontra um modelo.

Após realizarem a atividade, dedique um tempo para a partilha dos quadros produzidos pelos estudantes. Para explorar as semelhanças e as diferenças observáveis nos quadros, pode-se organizar um painel com papel kraft, dividido em duas colunas, para listar com os estudantes: 1) Semelhanças e 2) Diferenças. Dessa forma, é possível tecer com a turma uma síntese para explorar que, nessa convivência coletiva, é preciso exercitar o respeito às diferenças individuais. Explique que o respeito às diferenças implica não criticar opiniões e preferências diferentes das nossas, mas aceitá-las como importantes ao outro. Pode-se dar modelo de uma expressão adequada de divergência, como: "Essa não é minha opção, mas entendo a sua" ou "Eu gosto de algo diferente, então poderia me explicar por que isso é importante para você?". Destaque que devemos evitar, inclusive, caretas de rejeição ao que é importante ao outro, pois isso com certeza nos deixaria tristes se acontecesse conosco. Utilize as diferenças identificadas entre os estudantes como exemplos para exercitar reações diante delas, ajudando-os a refletirem sobre como ter empatia diante das preferências dos colegas.

### Atividade mobilizadora 2

Para finalizar a reflexão, pode-se optar por ensinar um mantra com gestos que expressem as atitudes de quem busca viver harmoniosamente com as pessoas. Aproveite a oportunidade para explicar que o mantra é um hino envolvendo a repetição de palavras ou versos que conduzem a reflexões, meditações ou orações.

Uma sugestão de mantra para esta atividade é o "Seres de amor", de Nando Cordel, disponível no YouTube.

**VÍDEO**

SERES de amor. 1 vídeo (4 min.), 2020. Publicado pelo canal Nando Cordel.

Para esse mantra, pode-se propor, por exemplo, ao mencionar "nós somos seres de amor", fazer o coração com as mãos; "de luz", fazer o gesto de piscar com as mãos; e "de paz", fazer o gesto da pombinha com as mãos.

## IDENTIFICAÇÃO E ANÁLISE

### Atividade de pesquisa (para casa)

Peça para cada estudante, com o auxílio da família, escrever o seu nome (com a letra bem bonita e colorida) em uma ficha (entregue a cada estudante um retângulo de papel colorido). Oriente-os a perguntarem à família a história do seu nome (quem escolheu, por que escolheu, o que significa etc.). Pode-se sugerir, a depender da realidade, que os estudantes utilizem plataformas digitais de pesquisa para pesquisarem com as famílias a simbologia do próprio nome.

### Para organizar o que aprendo mais

#### 1º MOMENTO

Retome a atividade de pesquisa e, em círculo, permita que os estudantes partilhem a experiência de conhecer mais sobre o significado dos seus nomes. Ajude aqueles que não conseguiram realizar a pesquisa no momento da apresentação encontrando o significado de seus nomes na internet. Para acessar a origem de vários nomes e o que significam, sugere-se o *Dicionário de nomes próprios*.

Explore o fato de o nome ser algo que diferencia os estudantes uns dos outros e que os identifica. Explique como se constitui a identidade de alguém: nome, sobrenome, digitais e traços físicos que tornam uma pessoa única, mesmo quando há semelhanças entre ela e outras pessoas.

Solicite que conversem sobre pessoas com nomes iguais, enfatizando que isso não as torna iguais. Pontue que pessoas com o mesmo nome podem apresentar diferenças não apenas no jeito de vestir, mas de falar, de se comportar e, ainda, na sua opção religiosa. Apresente exemplos de pessoas da realidade dos estudantes que tenham o mesmo nome, mas revelem características marcantes que as diferenciam. Caso haja estudantes com o mesmo nome na turma, faça com eles um exercício: pergunte quais alimentos de que mais gostam e menos gostam; sua brincadeira, seu desenho animado ou música favorita; se tem ou não opção religiosa; dentre outras questões. Esse exercício permitirá observar que ter o mesmo nome não significa ter personalidades também parecidas. Analise com o grupo quais são as semelhanças e as diferenças entre os colegas, destacando que as diferenças são o que nos proporciona participar de convivências nas quais aprendemos coisas novas, incluindo brincadeiras, uns com os outros.

### 2º MOMENTO

Leia ou conte a história a seguir:

- ORTHOF, S. *Maria vai com as outras*. São Paulo: Ática, 2019.

Após contar a história, ouça as impressões dos estudantes, acolha os sentimentos despertados e conclua ressaltando a necessidade de reconhecer a individualidade de cada um. A história permite introduzir aos estudantes a necessidade de distinguir o *eu* do *outro*.

## APROPRIAÇÃO E RESSIGNIFICAÇÃO

### Atividade de aprofundamento

**Dinâmica:** Leve um espelho para a sala de aula e peça para cada estudante se olhar e dizer o que mais gosta em si mesmo. Solicite que cada um apresente uma característica física e outra comportamental.

Motive os estudantes a valorizarem as diferenças existentes na turma como contribuições para o enriquecimento de todos.

**IMPORTANTE**

Se algum estudante sentir dificuldade para se expressar, oriente os colegas a citarem qualidades que reconhecem nele, ou você, professor, pode fazê-lo.

- RODARI, G. *Quem sou eu?* São Paulo: Salamandra, 2005.

A história diverte e faz pensar sobre o papel e o lugar de cada um em suas relações pessoais e no mundo. Para explorar a narrativa, pode-se acessar a resenha e as propostas de atividades disponibilizadas pela editora Moderna.

## ATIVIDADE AVALIATIVA

A atividade proposta é interdisciplinar, devendo ser desenvolvida processualmente com o componente curricular Arte, a partir da habilidade: "**(EF15AR05)** Dialogar sobre a sua criação e as dos colegas, para alcançar sentidos plurais" (BRASIL, 2018).

Prepare uma exposição de arte com telas ou desenhos (discuta a melhor técnica com o professor de Arte) criados pelos estudantes. Sugere-se que os estudantes produzam os seus autorretratos e a escrita do próprio nome. Para isso, converse com os estudantes sobre o que é um autorretrato e mostre exemplos. Depois, distribua os materiais necessários para que cada um crie o seu desenho. A partir da produção e da exposição dos trabalhos, converse com a turma sobre as particularidades representadas. Motive os estudantes a identificarem a diversidade presente na turma e a explicarem como ela pode ser acolhida e respeitada.

A partir dessa atividade, observe como os estudantes construíram o olhar sobre si mesmos, se conseguiram representar a sua identidade, ou seja, aquilo que os identifica e os diferencia em relação aos seus pares.

Este é o modelo sugerido na dica da página 138.

Este sou eu:

Minha cor favorita:

Meu nome é:

O que eu mais gosto de fazer é:

Minha idade é:

Meu lugar favorito no mundo:

O que me deixa triste:

Minha brincadeira preferida

## ROTEIRO 02

| Título/tema | Os jeitos de ser de cada um |
|---|---|
| Unidade temática | Identidades e alteridades |
| Objeto de conhecimento | O eu, o outro e o nós |
| Habilidade(s) | (EF01ER01) Identificar e acolher as semelhanças e as diferenças entre o eu, o outro e o nós. |
| Previsão de horas/aula(s) | Duas horas/aulas |
| Recursos | • Equipamento para projeção audiovisual com acesso à internet.<br>• Folhas de papel A4 para cada estudante, para diferentes atividades de desenho.<br>• Lápis de cor.<br>• Atividade impressa.<br>• Folhas de papel A4 com palavras para os estudantes fazerem um acróstico na avaliação. |

## OBSERVAÇÃO

### Atividade mobilizadora 1

Nesta atividade, vamos falar sobre o eu e o outro de modo a propiciar ao estudante olhar para si e para os colegas reconhecendo-se como alguém diferente e, ao mesmo tempo, muito semelhante aos outros em vários aspectos. Assim, por meio da atividade e de seus desdobramentos, será possível compreender que há coisas que nos unem e coisas que nos diferenciam, e isso não é um problema, mas uma riqueza que contribui para o desenvolvimento de todos.

Para esse processo propomos a dinâmica do monstrinho. Siga as orientações para desenvolvê-la:

- Entregue uma folha de papel para cada estudante e utilize, em seguida, a "Receita de monstro", disponível no YouTube, para orientá-lo a desenhar o seu próprio monstro.
- Ofereça as orientações para a produção do monstrinho, descrevendo o passo a passo de como deverão desenhá-lo segundo a receita.

### Atividade de sistematização

Depois de os estudantes desenharem e colorirem o seu monstro, promova um momento para a exposição de cada um. Durante a partilha, ajude-os a realizarem comparações entre os desenhos e faça perguntas como:

- Os desenhos ficaram iguais?
- Se o papel e as orientações eram os mesmos, por que os desenhos ficaram diferentes?
- O que os "monstrinhos" têm em comum?

- Podemos dizer que há semelhanças entre os monstrinhos desenhados e cada um de nós?

**IMPORTANTE**

A dinâmica possibilita ao estudante compreender que cada um de nós é um ser único, dotado de diferentes características físicas e emocionais, e reconhecer que somos seres únicos, com experiências diversas.

Comente que, ao observar os desenhos, é possível constatar as suas diferenças. Isso ajudará os estudantes a entenderem que, apesar de seguirem uma mesma orientação, cada um produziu o desenho à sua própria maneira, com o seu jeito particular de se expressar – nem melhor, nem pior, apenas diferente. Ressalte que, observando essa diversidade de desenhos, podemos identificar que cada pessoa interpreta e representa uma ideia a partir das suas características. Converse sobre ser essencial, então, considerar e respeitar as diferenças de cada um quando nos comunicamos, para facilitar a comunicação. Na sequência, convide os estudantes a montarem um painel com os seus "monstrinhos".

Finalize com a música "Normal é ser diferente", de Jair Oliveira (Grandes Pequeninos), disponível no YouTube.

**MÚSICA**

NORMAL é ser diferente – Grandes Pequeninos. 1 vídeo (4 min.), 2015. Publicado pelo canal Grandes Pequeninos.

## IDENTIFICAÇÃO E ANÁLISE

### Atividade de aprofundamento

Conviver com o diferente é uma urgência do nosso tempo. Em um país multicultural, compreender o conceito de diversidade é condição essencial para promover uma cultura de paz e não violência (conceitos que podem ser aprofundados em outras oportunidades com os estudantes).

Para esta atividade, propomos a leitura do livro a seguir:

- PARR, T. *Tudo bem ser diferente*. São Paulo: Panda Books, 2015.

O livro comenta as diferenças entre as pessoas de maneira divertida, simples e completa, alcançado o universo infantil e abordando aspectos significativos como adoção, separação dos pais, deficiência física, preconceito racial, dentre outros. É uma leitura que permite ajudar os estudantes a perceberem que cada um é especial e importante por ser quem é.

É importante, nesse processo, propor reflexões sobre a empatia com relação às diferenças individuais. Para isso, sugere-se apresentar um anúncio de Natal que teve grande repercussão nas redes sociais ao ser divulgado em 2018, disponível no YouTube.

**VÍDEO**

ERSTE Christmas Ad 2018: What would Christmas be without love? 1 vídeo (2 min.), 2018. Publicado pelo canal Erste Group.

Nesse anúncio, um porco-espinho está muito infeliz, porque falha ao tentar se relacionar com os outros animais. Trata-se de uma breve história que permite explorar o respeito às diferenças e a empatia que nos leva a confortar e acolher alguém. O vídeo tem um desfecho singelo e muito emocionante. Vale a pena assistir com os estudantes e perguntar se já viram ou vivenciaram situações similares, nas quais buscaram se incluir e não conseguiram. Conversem sobre como as pessoas ao redor reagem a essas tentativas e sobre como todos poderiam colaborar para que não faltassem oportunidades de brincar e fazer amizades a ninguém, apenas por acolher e se aproximar uns dos outros.

A partir do vídeo, pode-se incentivar a imaginação dos estudantes para que, no lugar do porco-espinho, pensem sobre como podemos acolher as pessoas de tradições religiosas diferentes, ou seja, que rezam de modos diferentes, usam símbolos religiosos diferentes etc.

### Para organizar o que aprendo mais

Com base no vídeo do porco-espinho e na história de Todd Parr, peça aos estudantes que desenhem duas cenas:

- **1ª cena:** algo que retrate o conceito de diversidade, ou seja, que represente pessoas diferentes – pode-se destacar como fatores de diferença o tamanho, a cor da pele, a religiosidade, a idade, a profissão...
- **2ª cena:** algo que retrate o conceito de empatia, ou seja, a importância de nos colocarmos no lugar do outro e tentarmos entender como ele se sente.

Para agilizar, pode-se optar por entregar uma folha de papel com as orientações descritas, conforme o exemplo a seguir:

**Cada um tem um jeito de ser**

| **Empatia** | **Diversidade** |
| --- | --- |
| *Faça o bem a todos e o mal a ninguém.* | *A diversidade torna a vida mais bonita e divertida.* |

## APROPRIAÇÃO E RESSIGNIFICAÇÃO

Para desenvolver e reforçar a importância de atitudes responsáveis, corretas e empáticas, evitando desavenças e o desrespeito às diferenças, propõe-se a realização da dinâmica do papel amassado. Para isso, proceda da seguinte forma:

- Entregue uma folha de papel para cada estudante. Peça para que olhem a folha e falem coisas ruins a ela, como: "você é feia", "não gosto de você", "não quero ser seu amigo". A cada frase, devem ir amassando a folha até virar uma bolinha.
- Em seguida, peça que desamassem a folha e conduza-os a refletirem a partir das questões:

– Podemos comparar o papel com as pessoas?

– Quando magoamos alguém, deixamos uma marca nele? Por quê?

– Quando não respeitamos o jeito de ser do colega e o ofendemos, como ele se sente?

– Como você se sente ao ser magoado?

– Pedir desculpas resolve todos os problemas?

– É possível evitar magoar as pessoas? De que forma?

– Quais as marcas que queremos deixar nas pessoas que convivem conosco?

É importante que os estudantes entendam que cada um tem o seu jeito de ser, as suas características físicas e emocionais, e que devemos conviver com respeito às diferenças individuais. Essa convivência envolve a prática da empatia, reconhecendo as potencialidades e compreendendo as fragilidades de cada um.

É significativo, para a educação às diferenças, reforçar a importância de atitudes responsáveis, corretas e empáticas na convivência com o outro.

## ATIVIDADE AVALIATIVA

A avaliação deve ser processual, todas as atividades propostas devem ser acompanhadas durante o desenvolvimento da aprendizagem identificando os avanços sobre o respeito às diferenças e a prática da empatia, do acolhimento, da solidariedade etc.

Proponha aos alunos a organização de um acróstico a partir das letras iniciais das seguintes palavras: Respeitar – Diferenças – Acolhimento.

No acróstico, devem inserir palavras ou frases (defina com os estudantes) sobre o que cada um aprendeu no estudo realizado.

# Imanência e transcendência

Francine Porfirio Ortiz[23]

O objeto "Imanência e transcendência" pode ser desafiante de se abordar com estudantes do primeiro ano do Ensino Fundamental, mas é possível. Nessa faixa etária, os estudantes são mais sensíveis e abertos a experiências de conexão com as pessoas e os ambientes que os circundam. Entendendo-se que a imanência se refere àquilo que é observável, material, no componente curricular Ensino Religioso, buscamos estimular a ressignificação do que o estudante percebe de si mesmo e do mundo ao redor. Ao abordar a imanência, portanto, busca-se desenvolver uma percepção mais sensível do mundo material, que permita ao estudante perceber-se vinculado e pertencente a uma realidade interdependente, na qual todos são absolutamente necessários. A noção de que o mundo material é interconectado eleva o valor de cada elemento que o compõe, pessoas e demais criaturas, favorecendo o desenvolvimento da responsabilidade social e do senso de justiça.

A transcendência, por sua vez, refere-se ao imaterial, àquilo que não vemos, mas acreditamos. Se, materialmente, observamos a interdependência entre as criaturas (imanência), podemos assumi--la como obra de um Criador, de um ser supremo, que dispôs essa

23 Mestra em Educação pela Universidade Federal do Paraná (UFPR), especialista em Terapia Comportamental e Cognitiva pela Faculdade Evangélica do Paraná (Fepar), especialista em Pedagogia, com ênfase em Gestão e Docência, pela Pontifícia Universidade Católica do Paraná (PUCPR), especialista em Assessoria Linguística pelo Instituto Tecnológico e Educacional de Curitiba (Itecne) e bacharel em Psicologia (Fepar). Atua como psicóloga clínica analítico-comportamental. É pesquisadora e palestrante sobre desenvolvimento socioemocional, habilidades educativas e espiritualidade em sua relação com a saúde mental. Autora, preparadora textual e revisora de materiais didáticos e literários.

realidade para que todos pudéssemos usufruí-la de maneira equilibrada (transcendência). Abordar aspectos da transcendência com os estudantes dessa faixa etária depende de estratégias que os levem a compreender todas as formas de vida como sagradas, de modo a perceberem o seu papel central na preservação da natureza em todas as suas expressões e a sua responsabilidade de tornar melhores os lugares que frequentam.

Segundo a BNCC (BRASIL, 2018, p. 438), a imanência e a transcendência são dimensões que possibilitam aos seres "humanos se relacionarem entre si, com a natureza e com a(s) divindade(s), percebendo-se como iguais e diferentes". Assim, com esse objeto de conhecimento, tem-se a intenção de oferecer aos estudantes uma noção mais clara de que todos são importantes e capazes de influenciar os lugares que frequentam, podendo torná-los melhores ou piores a depender de seu compromisso social. Esses lugares devem se restringir àquilo que é imediato na realidade do estudante: a sua escola, a sua casa e a sua comunidade, o bairro onde mora. Quanto mais ele perceber esses lugares como ambientes dependentes de todos para serem agradáveis e acolhedores, mais se responsabilizará em exercitar atitudes pró-sociais e ensiná-las aos outros.

A seguir, indicamos algumas referências que podem favorecer o trabalho pedagógico com essa faixa etária.

## REFERÊNCIAS

AMARAL, H. T. *et al.* Clima escolar e vitimização entre pares: percepções de estudantes com deficiência intelectual. *Revista Educação Especial*, v. 34, p. 1-23, 2021. Disponível em: https://periodicos.ufsm.br/educacaoespecial/article/view/53606. Acesso em: 16 jan. 2023.

CULTURA de paz nas escolas com a CNV. *Instituto CNV Brasil*, [c2022]. Disponível em: https://www.institutocnvb.com.br/paznasescolas. Acesso em: 16 jan. 2023.

GOMES, L. R.; CHAKUR, C. R. de S. L. A noção de justiça em crianças e adolescentes: Contribuições da intervenção do adulto. *VIDYA*, v. 27, n. 2, p. 21-31, jul./dez., 2007. Disponível em: https://periodicos.ufn.edu.br/index.php/VIDYA/article/viewFile/356/330. Acesso em: 16 jan. 2023.

RIBEIRO, M. C. Como as religiões veem o meio ambiente. *Página 22*, 2015. Disponível em: https://pagina22.com.br/2015/07/06/como-as-religioes-veem-o-meio-ambiente/. Acesso em: 16 jan. 2023.

## ROTEIRO 01

| Título/tema | Todos somos importantes |
|---|---|
| Unidade temática | Identidades e alteridades |
| Objeto de conhecimento | Imanência e transcendência |
| Habilidade(s) | (EF01ER03) Reconhecer e respeitar as características físicas e subjetivas de cada um.<br>(EF01ER04) Valorizar a diversidade de formas de vida. |
| Previsão de horas/aula(s) | Duas horas/aulas |
| Recursos | • Três quadrados de, aproximadamente, 15×15 centímetros de papel e giz de cera colorido para cada estudante.<br>• Imagem da mesa judaica com alimentos para celebrar o Pessach (pode ser impressa ou apresentada digitalmente por meio de equipamento audiovisual).<br>• Tarjas de papel com atitudes que ajudam a tornar a escola um lugar melhor para todos (cf. exemplos no item "Identificação e análise").<br>• Folha de papel A4, palitos de sorvete, canetinhas, lápis de cor e cola para cada estudante. |

## OBSERVAÇÃO

### Atividade mobilizadora 1

O objetivo desta atividade é levar o estudante a compreender que todos temos coisas das quais gostamos, que são importantes para nós. Trata-se de uma introdução à percepção de que a subjetividade de cada pessoa pode ser observada também nas suas escolhas, sendo importante dedicar respeito àquilo que pertence e é de valor para o outro.

Distribua um quadrado de, aproximadamente, 15×15 centímetros de papel para cada estudante e disponibilize giz de cera colorido. Peça que desenhem o que mais gostam de comer.

Pergunte para alguns estudantes o que desenharam e peça que levantem os seus desenhos para os colegas observarem. Esse é um breve momento de partilha, suficiente apenas para os estudantes perceberem que os desenhos são diferentes porque as pessoas gostam de alimentos diferentes. As diferenças apenas expressam individualidades. Comente que estamos apenas falando de alimentos, e já podemos notar que não existe um único alimento favorito de toda a turma - embora, provavelmente, todos possam gostar de uma mesma opção.

Distribua um novo quadrado de papel e peça que pensem, agora, em uma pessoa da família. Oriente para que desenhem o que essa pessoa mais gosta de comer (se não souberem, podem desenhar o que mais veem essa pessoa comendo). Realize uma nova partilha parcial, apenas para destacar que as pessoas que amamos e com quem muito convivemos podem ter opiniões diferentes. É um comparativo do estudante com alguém próximo de quem conhece os hábitos.

Distribua um novo quadrado de papel e peça, então, que pensem em um(a) amigo(a). Oriente para que desenhem o que essa pessoa mais gosta de comer (ou o que acham que ela mais gosta). Ao fim da atividade, realize uma nova partilha parcial.

Destaque que gostamos de coisas diferentes porque somos diferentes. Mencione que, quando respeitam o que gostamos, nós também nos sentimos diretamente respeitados. Melhor ainda quando não apenas respeitam, mas valorizam o que gostamos. Exemplifique comentando que é agradável chegar em casa e saber que comeremos exatamente o que mais gostamos com a nossa família. As pessoas que nos amam se importam com o que gostamos, porque querem nos fazer felizes. Nós também devemos fazer isso por elas, respeitando o que elas gostam e valorizando o que é importante para cada pessoa.

**IMPORTANTE**

Reserve os desenhos dos estudantes para utilizá-los em um jogo proposto a seguir.

## Atividade mobilizadora 2

Selecione uma imagem da mesa judaica com alimentos para celebrar o Pessach, a Páscoa judaica. Comente quais são os alimentos ali presentes, relacionando-os a um momento especial para as famílias que seguem o judaísmo. Mencione que esses alimentos têm significados especiais para os judeus nessa celebração e fazem parte da história dessa tradição religiosa. Explique o que acontece nesse momento celebrativo e o que ocorre durante o jantar da Páscoa judaica.

Converse sobre alimentos que para nós também têm significados especiais, como o bolo de aniversário ou as comidas típicas de festa junina. Pode-se mencionar também que outras tradições religiosas, além do judaísmo, também têm alimentos próprios para as suas celebrações.

Mencione alguns alimentos considerados sagrados para algumas pessoas e tradições religiosas. Pergunte se algum estudante consome alimentos por orientação religiosa, em alguma celebração, ou, ainda, se conhece alguém que faça a ingestão de alimentos que são próprios da tradição religiosa a que pertence. Finalize relembrando-os da importância de respeitar as diferenças entre as pessoas.

## IDENTIFICAÇÃO E ANÁLISE

Converse com os estudantes sobre a escola: o que gostam na escola, o que fazem quando estão nesse espaço, quais são as pessoas que trabalham no local etc. Mencione que, para a escola funcionar, todos realizam atividades que são suas responsabilidades. Explique que a escola se torna um lugar melhor quando todos realizam bem as suas atividades. Pergunte se podemos ajudar as pessoas nas atividades que realizam nesse espaço. Exemplifique perguntando se já ajudaram colegas nas tarefas da escola e se já foram ajudados por eles; se já ajudaram os professores a carregarem materiais ou em alguma atividade dentro ou fora da sala de aula; se já ajudaram os profissionais da limpeza ao limparem algo que eles mesmos sujaram. Comente que, quando ajudamos ou somos ajudados, tornamos a escola um lugar melhor.

Em tarjas de papel, escreva atitudes que ajudam a tornar a escola um lugar melhor para todos. Por exemplo: cumprimentar as pessoas; não jogar lixo no chão; apertar a descarga; não correr nos corredores; não atrapalhar a aula; cuidar dos seus pertences; não estragar as coisas da escola; cuidar dos brinquedos da escola; devolver os livros na biblioteca; não brigar; não deixar outras crianças fora das brincadeiras; não fazer brincadeiras desagradáveis envolvendo a opção religiosa das pessoas; dentre outras. Organize as frases em uma caixa ou sacola e promova um sorteio entre os estudantes. A cada atitude sorteada, converse sobre como ela ajuda a escola a ser um lugar acolhedor, divertido, limpo e organizado para todos aprenderem, brincarem e conviverem bem. Se possível, comente algumas de suas responsabilidades como professor para que os estudantes gostem de vir à escola e vivam nela boas experiências de aprendizagem.

**IMPORTANTE**

Reserve as tarjas de papel para usá-las na avaliação.

Ao fim da atividade, pergunte outras coisas que podem ser feitas para que a escola seja um lugar legal para todos e acolha as respostas. Finalize destacando como todos nós somos importantes na escola.

## APROPRIAÇÃO E RESSIGNIFICAÇÃO

### Jogo de adivinhação

Vamos reutilizar os três quadrados nos quais os estudantes desenharam alimentos na **Atividade mobilizadora 1**. Organize duas fileiras: uma fixa e outra móvel. A fileira fixa é de estudantes que estarão sentados com seus três desenhos à sua frente. A fileira móvel é de estudantes que deverão se sentar em frente à fileira fixa com seus três desenhos e, a cada rodada, vão se mover para se sentarem diante do colega ao lado.

Oriente cada dupla a tentar adivinhar, entre os desenhos, qual é o alimento favorito do colega, de alguém da família do colega e de um(a) amigo(a) do colega.

Vá observando os erros e os acertos para registrar quem está acertando mais e quem está acertando menos.

Ao fim, quando todos os colegas tiverem tentado adivinhar, converse sobre como esse jogo nos ajudou a conhecer mais uns aos outros, a verificar como somos diferentes ou como podemos ter semelhanças entre nossas preferências alimentares.

Pergunte se alguém achou estranho algum alimento. Investigue por que ocorreu o estranhamento: se a comida em questão não era conhecida; se o estudante já a provou, mas não gostou; dentre outras possibilidades. Acolha as opiniões e esclareça que não precisamos gostar sempre das mesmas coisas, porque é divertido descobrir nossas diferenças. Finalize destacando o respeito como essencial para que a escola seja um lugar confortável para todos, um lugar onde podemos gostar de alimentos diferentes e sermos bons amigos apesar disso.

## ATIVIDADE AVALIATIVA

Distribua as atitudes sorteadas na atividade anterior para cada estudante (se não tiver número suficiente, pode repeti-las) e disponibilize folhas de papel, palitos de sorvete, canetinhas, lápis de cor e cola. Oriente os estudantes a ilustrarem no papel, usando os palitos e os demais materiais, as atitudes que receberam. Os desenhos feitos podem ser fixados em lugares visíveis por todos na escola como exemplos de atitudes que ajudam esse ambiente a ser um lugar melhor.

## ROTEIRO 02

| Título/tema | Cuidando de todos |
|---|---|
| Unidade temática | Identidades e alteridades |
| Objeto de conhecimento | Imanência e transcendência |
| Habilidade(s) | (EF01ER03) Reconhecer e respeitar as característi-cas físicas e subjetivas de cada um.<br>(EF01ER04) Valorizar a diversidade de formas de vida. |
| Previsão de horas/aula(s) | Duas horas/aulas |
| Recursos | • Equipamento para projeção audiovisual com acesso à internet.<br>• Acesso à internet para reproduzir vídeos disponíveis no YouTube.<br>• Quadro de giz ou outro recurso para anotações.<br>• Três desenhos para os estudantes pintarem: um gato, um cachorro e uma flor em um vaso.<br>• Lápis de cor para cada estudante.<br>• Sucata para maquete (copos de iogurte, garrafinhas, tampas, fios de sacolas, entre outros materiais).<br>• Isopor ou papel kraft para ser a base da maquete. |

## OBSERVAÇÃO

### Atividade mobilizadora 1

Nesta atividade, vamos levar os estudantes a pensarem sobre o que é cuidar e ser cuidado. O importante é ajudá-los a entender que cuidar é uma demonstração de carinho e atenção ao outro, sendo outras pessoas ou outras formas de vida.

Converse com os estudantes sobre quem cuida deles e como esses cuidados são demonstrados. Destaque os cuidados com as necessidades básicas como alimentação, roupas e afeto, e centralize o discurso nas pessoas da família que são responsáveis por eles. Anote no quadro e/ou em outro recurso as respostas que surgirem para uma melhor visualização.

Pergunte como os estudantes se sentem quando a família cuida deles, relacionando os cuidados com bons sentimentos como carinho, amor, respeito, zelo por sua segurança e atitudes que expressam acolhimento.

### Atividade mobilizadora 2

Pergunte aos estudantes quem tem animais de estimação e plantas em casa. Converse sobre o que esses seres vivos precisam, destacando as necessidades básicas e evidenciando que é necessário atendê-las para que animais e plantas se desenvolvam bem. Motive os estudantes a compartilharem os nomes de seus animais e de suas plantas, descrevendo-os um pouco. Escreva no quadro (ou em outro recurso), ao lado dos cuidados que os estudantes recebem, os cuidados dedicados a esses seres vivos, investigando se eles ajudam a praticá-los, assumindo responsabilidades em casa.

Comente sobre os animais e as plantas que estão nas ruas, sem famílias para cuidá-los. Explique que esses seres vivos são cuidados por todos nós e por instituições responsáveis por eles, como a prefeitura e Organizações Não Governamentais (ONGs). Exemplifique comportamentos solidários que a população às vezes dedica aos animais vulneráveis, como quando lojistas ou pessoas da comunidade oferecem água, cobertores e abrigo para eles.

## IDENTIFICAÇÃO E ANÁLISE

Selecione três desenhos para os estudantes pintarem: um gato, um cachorro e uma flor plantada em vaso. Conte uma historinha sobre cada um dos desenhos, de modo a dar para esses seres vivos uma identidade que desperte empatia. A seguir, apresentamos exemplos:

**Gato**: Fofo é um gato cheio de manias. Ele adora acordar cedo, antes de toda a família. Quando o sol começa a aparecer, Fofo sobe na cama do papai e da mamãe para acordá-los com seus miados. As patinhas dele afundam nas cobertas enquanto ele pula sobre o casal. Logo depois, ele corre para o quarto de Maria para acordá-la também. Maria tem sete anos, é a filha do casal, e já se acostumou com Fofo indo despertá-la. Fofo sobe na cama dela e mia alto ao lado da cabeça de Maria, até que a menina acorde. Maria se espreguiça e faz um carinho no pelo macio de Fofo, então lhe diz: "Bom dia, Fofo!". Quando Maria e Fofo chegam à cozinha, a mamãe está arrumando a mesa para o café da manhã. Maria é quem coloca mais ração para Fofo. Enquanto o gato come, Maria pega a tigela de água para trocá-la. Não é legal tomar água há muito tempo parada, então Maria, todas as manhãs, troca a água de Fofo por uma nova. Todos os dias, a mamãe de Maria, depois de a filha cuidar de Fofo, lhe diz: "Obrigada, filha". A mamãe agradece a ajuda de Maria nos cuidados que o Fofo recebe. Finalmente, é o momento de Maria se sentar à mesa e comer o que a mamãe preparou. O papai chega em seguida, beija a cabeça de Maria e diz: "Bom dia, filha!". Fofo sempre termina a sua ração antes de mamãe, papai e Maria terminarem o café da manhã. Alegre, de barriguinha cheia, Fofo esfrega o corpo nas pernas de Maria debaixo da mesa, muito agradecido pela ração e pela água recebidas. Fofo fica em casa quando a família sai, e ele espera ansioso a volta de todos. Ele adora brincar com Maria depois da escola.

**Cachorro**: Urso é um cachorro cheio de energia! Em sua casa, moram quatro pessoas: a vovó, a mamãe, o papai e o filho Lucas, de seis anos. Urso corre para lá e para cá atrás das pessoas na casa. Ele é muito curioso, quer saber tudo o que as pessoas da família estão fazendo. Sua pessoa favorita na família é Lucas, porque o menino sempre está disposto a brincar com ele. Urso até dorme no quarto de Lucas, sobre uma coberta que adora. Às vezes, a mamãe pega a coberta para lavar, porque está muito fedida, e Urso fica procurando a coberta por toda a casa até encontrá-la estendida no varal. Ele para ali, sentado, olhando a coberta como se pudesse fazê-la secar mais rápido. Lucas acha isso engraçado. Urso está aprendendo a se sentar sempre que o menino pede. Lucas acha o seu cachorro muito inteligente. Na casa, quem alimenta e troca a água de Urso é a vovó. Ela gosta de Urso, porque é uma boa companhia para ela quando mamãe e papai saem para o trabalho e as crianças vão para a escola. Urso fica muito calmo perto da vovó, pois sabe que ela não tem a mesma energia que ele. Lucas descobriu um segredinho da vovó na semana passada: ele viu que ela dá petiscos para Urso às vezes, escondido. Quem diria que a vovó gostaria de mimar o cachorro da família? É claro que Urso adora! A única coisa que Lucas não gosta muito é de limpar o cocô de Urso, mas a mamãe já disse que isso é importante para todos. Lucas aprendeu que, se não fizer isso, a casa vai cheirar mal e Urso vai ficar triste.

**Flor**: Querida é a flor da família. Ela foi dada de presente para Sofia, uma menina de oito anos. Na casa, moram apenas Sofia e a mamãe. Quando Sofia ganhou aquela flor, ela ficou um pouco confusa sobre como cuidá-la. Logo ela aprendeu que Querida gostava de água a cada dois dias, mas, se o clima estivesse muito seco, era preciso dar um pouco mais. Sofia sempre olha a terra de Querida antes de lhe dar água, porque não pode dar demais nem de menos. Querida também não gosta de ficar diretamente no sol, senão suas pétalas ficam ressecadas. Por outro lado, também não gosta de escuro. Um dia, Sofia voltou da escola e Querida estava murchando porque as cortinas da sala não tinham sido abertas. Sofia ficou triste por ver sua flor assim, parecia que Querida estava desanimada com suas pétalas apontando para baixo. Agora, Sofia sempre checa as cortinas antes de sair, para que Querida receba luz. Querida é uma flor delicada, mas Sofia adora vê-la erguida, com novos botões de flores aparecendo. Sempre que nasce uma nova flor, Sofia sorri. A menina adora observar a beleza de Querida. Para ela, Querida tem um jeito próprio de mostrar que está feliz.

Distribua as ilustrações de gato, cachorro e flor para os estudantes pintarem. A distribuição pode ser por demanda, de modo que eles escolham qual desenho querem pintar, ou como achar melhor. Finalize reforçando o conteúdo abordado sobre o cuidado.

**SUGESTÃO**

Em vez pintarem os desenhos, os estudantes podem utilizar outros materiais como algodão, fios de lã e tinta para a atividade.

## APROPRIAÇÃO E RESSIGNIFICAÇÃO

Converse com as crianças sobre o cuidado que todos precisamos ter com o meio ambiente. Comente que o planeta Terra é a casa de todos os seres vivos: pessoas, animais e plantas. Explique que todos precisamos de água potável para bebermos, de ar limpo para respirarmos e de terra para o cultivo de alimentos.

Apresente a história "Mundinho", da professora Fernanda Andrade, adaptada da autora Ingrid Biesemeyer, disponível no YouTube.

**SUGESTÃO**

HISTÓRIA sobre o meio ambiente: Mundinho / História infantil para semana do meio ambiente. 1 vídeo (4 min.), 2021. Publicado pelo canal Professora Fernanda Andrade.

Explore comportamentos que ajudam o meio ambiente, porém evidencie o que as crianças são capazes de fazer. Pode-se destacar a economia da água ao escovar os dentes e tomar banho, a separação de lixo reciclável e orgânico, o consumo moderado de produtos (evitando compras em excesso ou supérfluas), a reutilização de produtos (aproveitar potes para outras finalidades, por exemplo), entre outros. Pode-se explorar os cinco Rs da sustentabilidade, com exemplos apropriados para a faixa etária:

- **Recusar**: não consumir produtos que geram impactos ambientais e que não sejam essenciais.
- **Repensar**: avaliar hábitos e atitudes de consumo.
- **Reduzir**: gerar menos lixo.
- **Reciclar**: transformar produtos usados em matéria-prima para novos produtos.
- **Reutilizar**: aumentar a vida útil dos produtos.

Apresente aos estudantes que as tradições religiosas em seus textos sagrados e orientações expressam o cuidado que se deve ter para com a natureza, o meio ambiente. Esclareça que tradições como cristianismo, islamismo e judaísmo afirmam a seus seguidores ser sua responsabilidade cuidar da Criação, da natureza, como obra de Deus. As tradições indígenas manifestam o seu respeito e o seu cuidado com a natureza, tratando-a como "mãe natureza".

**SUGESTÃO**

Caminhe com os estudantes nos espaços da escola para observar o meio ambiente e os recursos disponíveis para cuidá-lo (lixeiras, torneiras com fechamento automático, sistemas de captação de água da chuva, profissionais responsáveis por cuidar dos jardins etc.).

Se considerar adequado, explique que, em 2017, a ONU Meio Ambiente lançou um projeto chamado "Fé pela Terra" para que as tradições religiosas viessem a contribuir no cumprimento dos Objetivos de Desenvolvimento Sustentável (ODS), ou seja, para que ajudassem a transmitir mensagens sobre os cuidados de conservação do meio ambiente. No cristianismo católico, o Papa Francisco orientou os fiéis dessa tradição por meio de um documento (*Laudato Sí'*) sobre o cuidado à casa comum, esclarecendo que o planeta Terra é a casa de todos e por todos deve ser cuidado.

Pode-se selecionar algumas frases ou informações orientativas de diferentes tradições religiosas para apresentar aos estudantes e conversar sobre elas. No islamismo, por exemplo, há passagens em seu livro sagrado, o Alcorão, que tratam do desperdício da água; no judaísmo, o Talmud, coletânea de livros que apresentam discussões e sermões dos rabinos, líderes da tradição, traz orientações sobre a maneira de descartar os resíduos sem prejudicar o meio ambiente.

Escreva no quadro (ou em outro recurso disponível) as atitudes de cuidado com o meio ambiente que a conversa gerar. Pergunte o que os estudantes fazem que ajuda o meio ambiente, acolhendo as respostas e evidenciando aquelas que podem ser consideradas bons exemplos.

Apresente a música "Nem tudo que sobra é lixo", de Mundo Bita, disponível no YouTube.

**VÍDEO**

MUNDO Bita – Nem Tudo Que Sobra é Lixo. 1 vídeo (3 min.), 2017. Publicado pelo canal Mundo Bita.

Converse sobre a canção e sobre como podemos cuidar do planeta descartando o lixo de maneira correta e reutilizando materiais.

## ATIVIDADE AVALIATIVA

Distribua sucata para que os estudantes façam uma maquete criando o cenário de um mundo feliz, bem-cuidado. Pode-se utilizar isopor ou papel kraft como base. O ideal é que seja um trabalho coletivo, para o qual todos os estudantes contribuam com suas sugestões e produções. A maquete pode ser colocada em algum lugar de circulação, como a entrada da escola. Sugere-se incluir ao lado dela a lista de atitudes que os estudantes destacaram como necessárias para cuidar do meio ambiente[24].

24 BRASIL. Ministério da Educação. Base Nacional Comum Curricular (BNCC): educação é a base. Brasília: CNE/CEB, 2018. Disponível em: http://basenacionalcomum.mec.gov.br/images/BNCC_EI_EF_110518_versaofinal_site.pdf. Acesso em: 1º maio 2023.

# Imanência e transcendência

Daniela Aparecida Tomazini[25]

"Imanência e transcendência" é um tema desafiador, pois pressupõe trabalhar com questões subjetivas que exigem de nosso estudante a maturidade para assimilar, algo que está em desenvolvimento. No entanto, podemos despertar o olhar para a dimensão do sagrado, para o reconhecimento da realidade sagrada, para a percepção de que a vida é sagrada, assim como todas as suas diferentes manifestações.

A temática da imanência trata da qualidade do que é interior, do que é a essência de algo. Nesse contexto, vamos discutir o que seria parte importante na formação da identidade do indivíduo - seus desejos, seus saberes, suas crenças, sua percepção de si mesmo e do mundo ao qual está inserido. Nesse sentido, é possível discutir o sagrado a partir da realidade que circunda o estudante.

Abordaremos a temática da transcendência partindo da realidade material, concreta, palpável do nosso estudante, visando mostrar a ele que não estamos sozinhos e que a nossa vida está ligada à vida de outras pessoas, de modo que, para vivermos bem, precisamos estabelecer normas e regras de convivência. A partir desse contexto, despertaremos em nossos estudantes sentimentos que os façam perceber que estamos imersos em uma realidade transcendente, ligada ao campo dos sentimentos, dos valores e das crenças.

É necessário que eles explorem o reconhecimento de que pre-cisamos uns dos outros para sobrevivermos em sociedade. Para isso, é importante ajudá-los a perceberem que há muitas pessoas envolvidas nesse processo.

25 Licenciada e mestra em Ciências Sociais pela Universidade Federal de Uberlândia também pela UFU, especialista em Docência na Educação Superior e em Ciências da Religião também pela UFU. É professora de Ensino Religioso na rede municipal de Uberlândia e na rede privada de educação, no Instituto Teresa Valse.

Por exemplo, por quantas mãos os nossos alimentos passaram até chegarem à nossa mesa? Quantas pessoas estiveram envolvidas para a confecção de nossas roupas, nossos sapatos, nossos brinquedos; para a construção da nossa casa, da nossa escola, da nossa cidade; ou seja, quantas pessoas são necessárias para que a nossa vida seja como a conhecemos? A proposta é ajudar os estudantes a reconhecerem, como dizia Gonzaguinha[26], que: "Toda pessoa sempre é as marcas/Das lições diárias de outras tantas pessoas..." (CAMINHOS, 1982).

Com os roteiros propostos, vamos apresentar abordagens para despertar nos estudantes o olhar ao outro, ressaltando a necessidade de conviver de maneira pacífica e acolhedora, aceitar as diferenças e respeitar as regras de convivência, compreender a realidade em que estamos inseridos como sagrada, a partir da percepção de que o planeta é a nossa casa comum e precisamos cuidar bem dele.

A seguir, indicamos algumas referências que podem favorecer o trabalho pedagógico com essa faixa etária.

## REFERÊNCIAS


GRÜN, A. *Cuidar de si e do outro*. Petrópolis: Vozes, 2019.

IACOCCA, L.; IACOCCA, M. *Eu & os outros*: melhorando as relações. São Paulo: Ática, 2019.

MARTINS, M. H. P. *Eu e os outros*: as regras da convivência. São Paulo: Moderna, 2018.

SAGRADO 2013| Natureza: Indígenas 1 vídeo (2 min.), 2014. Publicado pelo Canal Futura. Disponível em:https://www.youtube.com/watch?v=1Klg0nndQ0M. Acesso em: 18 jan. 2023.

SAGRADO 2013 | Natureza: Lazer. 1 vídeo (2 min.), 2014. Publicado pelo Canal Futura. Disponível em: https://www.youtube.com/watch?v=w3ESNZ6e9mA. Acesso em: 18 jan. 2023.


26 CAMINHOS do coração. Intérprete: Gonzaguinha. Compositor: Gonzaguinha. In: CAMINHOS do coração. Intérprete: Gonzaguinha. EMI-Odeon Brasil, 1982. 1 LP/CD, faixa 10.

## ROTEIRO 01

| Título/tema | Cuidar da vida, cuidar do outro: cuidar de nós |
|---|---|
| Unidade temática | Identidades e alteridades |
| Objeto de conhecimento | Imanência e transcendência |
| Habilidade(s) | (EF01ER03) Reconhecer e respeitar as características físicas e subjetivas de cada um.<br>(EF01ER04) Valorizar a diversidade de formas de vida. |
| Previsão de horas/aula(s) | Três horas/aulas |
| Recursos | • Equipamento para projeção audiovisual com acesso à internet.<br>• Três elementos naturais como folhas, flores ou folhagem – os estudantes podem coletar durante um passeio proposto na escola ou trazer de suas casas, a depender da realidade.<br>• Uma folha de papel A4 para cada estudante.<br>• Cola, lápis de cor e/ou canetinhas.<br>• Poesia "Palavras mágicas", de Pedro Bandeira (providenciar para ler ou apresentar o vídeo proposto).<br>• Atividade impressa sobre as "palavras mágicas".<br>• Regra de ouro de algumas tradições religiosas para apresentar aos estudantes (o roteiro oferece algumas sugestões).<br>• Um retângulo de papel-cartão (ou cartolina) para cada estudante escrever PODE (frente) e NÃO PODE (verso).<br>• Fábula de Esopo: "O menino e os pregos" (disponível na internet).<br>• Desenho de dois corações, produzidos em folha de papel A4 ou impressos, já recortados.<br>• Cartolinas, lápis de cor e fitas de cetim para o móbile proposto na avaliação. |

## OBSERVAÇÃO

### Atividade mobilizadora 1

Com esta atividade, vamos explorar a diversidade das formas de vida, destacando aquilo que é valioso, precioso, digno de respeito e cuidado, fonte de vida e que desperta o amor em nós.

#### 1º MOMENTO

Conduza os estudantes a um passeio pelo pátio e pela área externa (se tiver). Peça que olhem para o céu, para as nuvens, que sintam o calor do sol em suas peles e o ar fresco que os envolve. Oriente-os a sentirem a terra que os sustenta e toda a vida que os circunda: os sons e os cheiros, as pessoas, a natureza... Cite o pensamento indígena: "Respiramos todos um só ar, bebemos todos a mesma água, vivemos todos em uma só Terra. Nós devemos protegê-la"[27].

Pergunte aos estudantes sobre a conexão que existe entre todos os elementos, mencionando as pessoas que constroem as escolas, que preparam o lanche, que plantam os alimentos, que confeccionam as roupas. Suscite neles a percepção de que a nossa vida está conectada à vida de tantas outras pessoas, sendo preciso cultivar a sensibilidade para reconhecer isso. Explore que, ao olhar para as pessoas, para a natureza e para a realidade à nossa volta, podemos reconhecer que elas são preciosas, sustentam a vida e dão sentido à nossa existência.

Explique que as tradições religiosas tratam a vida das pessoas e o meio ambiente como sagrados. Por isso orientam a cuidar uns dos outros, a manifestar amor para com as pessoas, pela natureza e a divindade (Deus). Comente que as tradições religiosas ensinam também a praticar a cooperação e a solidariedade, principalmente o acolhimento aos jeitos de viver.

---

27 RAONI apud LONGO, I. Ricardo Stuckert faz foto histórica para livro "Índios brasileiros". *Revista Fórum*, 2017. Disponível em: https://revistaforum.com.br/brasil/2017/9/23/ricardostuckert-faz-foto-historica-para-livro-indios-brasileiros-23175.html. Acesso em: 10 fev. 2023.

## 2º MOMENTO

Peça para os estudantes coletarem, durante o passeio pela área externa da escola, dois ou três elementos naturais como folhas, flores ou folhagem – se a escola não tiver área verde, peça, previamente, para que tragam de suas casas. Em seguida, conduza-os a realizar a atividade. Entregue para cada estudante uma folha de papel e peça que utilizem cola, os elementos naturais, lápis de cor e/ou canetinhas para produzirem uma arte representando tudo o que para eles é essencial e necessário para haver vida, isto é, a diversidade das formas de vida que fazem parte do mundo. Incentive-os a colocarem em seus trabalhos a si mesmos e as pessoas que amam, os animais, as plantas, a água, o sol, tudo o que represente formas de vida.

## 3º MOMENTO

Prepare uma exposição com a arte dos estudantes, sob o título: "A vida que há no mundo".

Explore com os estudantes as diferenças e as semelhanças entre as percepções deles sobre como representaram as diversas formas de vida que compõem o planeta. Observe e comente as relações entre o que consideraram essencial e necessário para haver vida e os ensinamentos das tradições religiosas sobre os cuidados com a natureza, com o meio ambiente e com as pessoas que são diferentes de nós.

Apresente os vídeos a seguir e converse com os estudantes sobre as diferenças e características físicas, as formas de agir e reagir, as emoções que às vezes contribuem ou prejudicam as relações. A partir destes vídeos, é possível explorar como conviver com as diferenças.

**VÍDEOS**

MUNDO Bita – A diferença é o que nos une. 1 vídeo (1 min.), 2016. Publicado pelo canal Mundo Bita.

O JEITO de cada um | Respeito às diferenças | Ensinar valores | Vídeo educativo. 1 vídeo (2 min.), 2012. Publicado pelo canal Alfabrinca.

## Gentileza e boas maneiras

### Atividade mobilizadora 2

Vivemos em uma sociedade em que a gentileza se faz necessária. Despertar em nossos estudantes a importância de tratar o outro com carinho, educação e respeito é essencial para convivermos bem. Comece a atividade lendo ou apresentando a poesia de Pedro Bandeira, intitulada "Palavras mágicas", depois explore algumas músicas e histórias sobre a temática. Veja as sugestões:

**SUGESTÕES**

PALAVRINHAS mágicas para Educação Infantil | Poema de Pedro Bandeira – Palavras Mágicas. 1 vídeo (2 min.), 2021. Publicado pelo canal Artes de uma Professora.

PALAVRINHAS mágicas | Turminha da liberdade | Letra e música. 1 vídeo (3 min.), 2020. Publicado pelo canal Turminha da Havan.

HORA do Blec – Palavrinhas mágicas (música infantil). 1 vídeo (2 min.), 2020. Publicado pelo canal Hora do Blec.

PALAVRAS mágicas – Turma do Turim | História 03 (Palavras mágicas para Educação Infantil). 1 vídeo (1 min.), 2020. Publicado pelo canal Turma do Turim.

UMA HISTÓRIA sobre educação – BoasManeiras/HistóriaInfantil/LivroÁudio/Historinhas/HistóriaNarrada. 1 vídeo (5 min.), 2021. Publicado pelo canal Bisnagas Kids.

A poesia de Pedro Bandeira aborda algumas palavras que facilitam a convivência e a conquista de amizades: "com licença, me desculpe, por favor e obrigado". Após a leitura dessa poesia e a apresentação dos vídeos sobre a importância de ser gentil e ter boas maneiras, explore o fato de algumas pessoas dizerem palavras ofensivas ou realizarem gestos agressivos às outras, entristecendo quem está ao seu redor. Mobilize os estudantes a perceberem como é difícil conviver com pessoas que não praticam as boas maneiras. Ajude-os a identificarem o quanto é mais agradável conviver com pessoas gentis e educadas.

Proponha a resolução de atividades que auxiliem o reconhecimento da grafia das palavras ("por favor", "obrigado", "bom dia" etc.) e o treinamento da escrita delas. No decorrer da atividade, associe essas palavras a vivências em sala de aula, na dinâmica familiar, na comunidade religiosa.

Veja o exemplo a seguir:

**BOAS MANEIRAS E GENTILEZA**

OLÁ, LINDEZAS! HOJE, VAMOS FALAR SOBRE GENTILEZA E BOAS MANEIRAS.

PARA VIVERMOS BEM UNS COM OS OUTROS, É ESSENCIAL AGIRMOS SEMPRE COM RESPEITO, EDUCAÇÃO E GENTILEZA.

SE QUEREMOS SER BEM TRATADOS, DEVEMOS TRATAR BEM TODAS AS PESSOAS. EM SUA VIDA SOCIAL, SE VOCÊ FOR MAIS EDUCADO, ATRAIRÁ PESSOAS MAIS GENTIS E EDUCADAS PARA O SEU CÍRCULO DE AMIZADES.

EM OUTRAS PALAVRAS: GENTILEZA ATRAI GENTILEZA. AO FAZER O BEM PARA OS OUTROS, OS OUTROS TAMBÉM FARÃO O BEM PARA VOCÊ.

1. COMPLETE AS PALAVRINHAS COM AS VOGAIS QUE ESTÃO FALTANDO:

| | |
|---|---|
| P_R F_V_R | B_ _ N_ _T_ |
| _BR_G_D_ | B_ _ T_RD_ |
| C_M L_C_NÇ_ | D_SC_LP_ |
| S_NT_ M_ _T_ | T_ D_ B_M? |
| B_M D_ _ | P_ SS_ _J_D_R? |

2. SER GENTIL É UMA ESCOLHA QUE ESTÁ EM NOSSAS MÃOS. COLOQUE A SUA MÃOZINHA NO QUADRO A SEGUIR E, DEPOIS, ESCREVA EM CADA DEDINHO UMA DAS PALAVRINHAS ESSENCIAIS PARA VIVERMOS BEM UNS COM OS OUTROS.

## IDENTIFICAÇÃO E ANÁLISE

Vamos trabalhar as regras para se viver em sociedade. É importante que o estudante se reconheça como parte de um grupo, de modo que, para conviver bem, precisamos estabelecer regras, normas e padrões de conduta para que o nosso direito e o direito do outro não sejam prejudicados. Para trabalhar o conceito de regras, que tal fazer uma pesquisa de opinião com os estudantes? Após ouvir como conceituam o significado de regras, proponha a dinâmica: *Pode ou não pode?*

**Pode ou não pode?**

Entregue para os estudantes um retângulo de papel-cartão e peça que escrevam PODE, de um lado, e NÃO PODE, no verso.

Depois, apresente perguntas que estimulem os estudantes a pensarem sobre o que podemos fazer ou não na convivência em grupo, para favorecer o desenvolvimento do respeito às características e às preferências de cada pessoa. A cada pergunta, os estudantes deverão erguer o papel-cartão mostrando a resposta PODE ou NÃO PODE.

Propomos alguns exemplos de perguntas:

NÃO PODE

- Pode gritar com as pessoas?
- Pode passar com o carro no sinal vermelho?
- Pode jogar lixo no chão?
- Pode mentir para as pessoas?
- Pode pegar as coisas de uma pessoa sem pedir?
- Pode maltratar os animais?
- Pode falar de boca cheia?
- Pode passar correndo no meio das pessoas que estão conversando?
- Pode furar a fila quando se está com pressa?
- Pode falar mal da religião do outro?

PODE

- Pode ajudar o colega a entender a tarefa?
- Pode convidar um colega que está sozinho para brincar?

- Pode ajudar a família a limpar a casa?
- Pode chamar a professora quando alguém se machucar ou estiver brigando?
- Pode pedir desculpa quando magoar alguém?
- Pode jogar o lixo na lixeira?
- Pode ficar quieto quando o outro está rezando?

Aproveite esse momento para ouvir a opinião dos estudantes sobre o que é certo e o que é errado de acordo com a realidade familiar, escolar, religiosa, social e cultural deles.

Destaque a importância de agir sempre pautado no bem do outro, da natureza e de si mesmo. Mencione o valor de saber se comportar quando os estudantes visitam a casa dos avós, vão a uma loja ou a um templo religioso. Comente que saber conviver requer saber agir com as pessoas em todos os ambientes.

Explore os espaços frequentados pelos estudantes e como eles se comportam. Destaque que, nos lugares sagrados, como mesquitas, igrejas e sinagogas, as pessoas se reúnem para rezar, meditar e celebrar de acordo com as orientações e as regras de cada tradição religiosa. Ao entrar nesses lugares, portanto, é preciso observar que há certos comportamentos a serem expressos para não faltar com o respeito ao que é sagrado às pessoas. Nesses espaços não se deve levar brinquedos, usar o celular para jogar, falar alto etc.

Apresente a regra de ouro das tradições religiosas explicando que ela contribui para a cultura de paz, orientando para uma convivência harmoniosa com as pessoas. Apresente a regra de ouro de algumas tradições, tais como:

- Cristianismo: "O que quereis que os homens vos façam fazei-o também a eles" (BÍBLIA, Lucas 6, 31).
- Judaísmo: "O que te é odioso, não faça ao teu semelhante" (TALMUDE, Shabbat 31ª).

- Hinduísmo: "Trate os outros tal como gostaria que eles te tratassem. Não faças ao teu próximo o que não gostaria que ele depois fizesse a ti" (MAHABHARATA).

Esclareça que a regra de ouro das tradições religiosas, em síntese, apresenta como semelhança a orientação para que seus seguidores cuidem de seu modo de agir e tratem bem todas as pessoas, sem distinção.

## APROPRIAÇÃO E RESSIGNIFICAÇÃO

Apresente a história de Esopo: "O menino e os pregos". A intenção é favorecer aos estudantes o entendimento de que nossas ações podem ferir as pessoas ao redor, por isso devemos aprender a lidar com as emoções mais difíceis, como a raiva ou a frustração, para evitar reagir com agressividade contra os outros. Converse com os estudantes sobre como reagem quando algo não acontece como gostariam e explore alternativas que favorecem a calma em momentos de intensidade emocional, como a respiração profunda, o desabafo com um amigo ou a busca por um adulto que possa ajudar.

Após contar a história e conversar sobre ela, entregue aos estudantes dois corações. Você pode recortar os corações em folha de papel A4 ou imprimi-los. Peça que, em um coração, eles desenhem aquilo que os deixa tristes na convivência com as pessoas (correspondente à metáfora dos pregos na história), e, no outro coração, o que os deixa felizes e confortáveis. No fim, abra espaço para que os estudantes apresentem os seus desenhos e exponham os seus sentimentos sobre o que lhes faz bem e o que lhes faz mal.

Finalize destacando a importância do respeito a si mesmos e às pessoas, acolhendo o seu jeito de falar, rezar, vestir-se... Comente que devemos buscar pensar antes de agir, para que sempre façamos aos outros aquilo que gostaríamos que fizessem a nós. Dessa forma, construímos uma convivência de paz e respeito na família, na escola e na sociedade.

## ATIVIDADE AVALIATIVA

Que tal um trabalho interdisciplinar com os componentes Matemática ou Arte? Propomos a confecção de um móbile utilizando formas geométricas ou de estrelinhas. Nessas formas, os estudantes devem escrever as "palavras mágicas" e outras que representem atitudes necessárias à boa convivência.

Os móbiles podem ser produzidos com cartolinas e fitas de cetim.

Prepare uma bonita exposição em uma área comum da escola.

## ROTEIRO 02

| Título/tema | Eu sou porque nós somos |
|---|---|
| Unidade temática | Identidades e alteridades |
| Objeto de conhecimento | Imanência e transcendência |
| Habilidade(s) | (EF01ER03) Reconhecer e respeitar as características físicas e subjetivas de cada um.<br>(EF01ER04) Valorizar a diversidade de formas de vida. |
| Previsão de horas/aula(s) | Duas horas/aulas |
| Recursos | • Equipamento para projeção audiovisual com acesso à internet.<br>• Pacote com clipes coloridos, adesivos ou outros objetos de interesse dos estudantes para servir de prêmio ao vencedor da dinâmica (certificar-se de que os objetos possam ser compartilhados com todos da turma, pois a dinâmica convida à partilha).<br>• Conto africano "Ubuntu", adaptado por Sílvia Moral com ilustrações de Cecilia Moreno (disponível na internet).<br>• Atividade sobre Ubuntu impressa.<br>• Balões coloridos (um para cada estudante).<br>• História "Floquinho de algodão", organizada por Alenilda Carvalho (disponível na internet).<br>• Bolinhas de algodão.<br>• Papel e recursos para cada estudante produzir uma história ilustrada na avaliação (lápis de cor, giz de cera etc.). |

## OBSERVAÇÃO

### Atividade mobilizadora 1

Vamos despertar em nossos estudantes a sensibilidade para reconhecerem o outro como alguém que é precioso, belo, digno de respeito e admiração, de modo a ir inserindo no seu imaginário a percepção de que o sagrado passa pelo campo daquilo que nos é importante e que torna a nossa vida significativa. Tudo que gera a vida e pode despertar o amor pode ser visto como sagrado. Para dar início a essa reflexão, vamos trabalhar com a palavra africana "*Ubuntu*", que sintetiza uma filosofia de vida humanista, transversal e independente de qualquer país, cultura, religião ou afiliação política, podendo ser traduzido como "eu sou porque nós somos" e "minha existência está conectada a você".

Para começar, leve os estudantes até o pátio da escola e os convide para uma brincadeira cuja premiação seja um pacote de clipes coloridos, adesivos ou outros objetos de interesse dessa faixa etária (certifique-se de que o pacote tenha quantidade suficiente para todos). Estabeleça a regra: aquele que chegar primeiro ao lugar previamente combinado vai ganhar o prêmio. Quando terminar a competição, pergunte a quem vencer o que vai fazer com o que ganhou.

Agora, vem a parte mais importante!

Se o estudante ganhador resolver repartir, parabenize-o e incentive a sua atitude. Explique que esse é o espírito *Ubuntu* e conte a história sobre o significado dessa palavra. No entanto, se o ganhador disser que ficará com todo o prêmio, peça para que, antes de decidir, escute a história sobre o *Ubuntu.*

Nesse momento, apresente para os estudantes o conto africano "Ubuntu", adaptado por Sílvia Moral com ilustrações de Cecilia Moreno.

**SUGESTÃO**

"Ubuntu", adaptado por Sílvia Moral com ilustrações de Cecilia Moreno.

Nesse conto, um historiador faz uma experiência com crianças africanas semelhante à dinâmica desenvolvida. O prêmio era uma cesta de doces diversos. Quando ele descreve a regra, as crianças não competem entre si, mas correm juntas, de mãos dadas, até a cesta. Todas ganham e repartem os doces. O historiador pergunta por que escolheram fazer isso, e elas lhe respondem "*Ubuntu*", expressando a cultura africana de que tudo pertence a todos, não fazendo sentido uma criança se sentir feliz enquanto outras se sentem tristes.

Após a leitura do conto, contextualize e relacione a filosofia Ubuntu com a atitude da turma. Se o estudante vencedor fez a opção de ficar com o prêmio, depois de narrar o conto, pergunte se mudou de ideia e incentive a partilha dos objetos. Reforce a importância de reconhecer que a nossa vida está conectada com a vida de outras pessoas, de modo que, se fizermos o bem aos outros, estaremos fazendo o bem a nós mesmos. Nesse momento, podemos suscitar os estudantes a olharem para o outro como desejam que olhem para eles, reconhecendo-os como parte de sua existência.

Para saber mais sobre a filosofia *Ubuntu* e explorar o seu conteúdo junto aos estudantes, acesse aos vídeos.

**VÍDEOS**

UBUNTU: o que significa essa filosofia africana e como pode nos ajudar nos desafios do hoje. 1 vídeo (6 min.), 2020. Publicado pelo canal BBC News Brasil.

Lição sobre respeito ao outro. 1 vídeo (3 min.), 2016. Publicado pelo canal Valmir Bastos refrigeração e arte.

Esse último vídeo, de uma campanha veiculada no programa Criança Esperança, retrata o preconceito racial. Caso considere que seja possível trabalhar com a turma, é uma oportunidade de ampliar a percepção dos estudantes sobre a importância de acolher e respeitar o outro em sua singularidade, sem discriminação ou preconceito. Todos compartilhamos o mesmo espaço, somos parte da família humana e, cada um, com suas características e habilidades próprias, é muito importante, pois são as diferenças que contribuem para que tenhamos tantas possibilidades de escolhas que fazem o mundo ser um lugar bom de se viver.

## IDENTIFICAÇÃO E ANÁLISE

A filosofia *Ubuntu* é uma ótima oportunidade para refletir sobre os elos visíveis e invisíveis que unem as pessoas. É preciso que o estudante a compreenda como um jeito de olhar para a vida reconhecendo o outro como parte do sagrado, digno de respeito e de ser amado.

Entregue aos estudantes uma folha de papel contendo atividades de fixação do tema. Uma sugestão é preparar uma atividade na qual consigam conceituar o que é *Ubuntu* e trabalhar o ensinamento de "fazer ao outro apenas aquilo que gostaríamos que fizessem a nós mesmos" propagado pelas mais diversas tradições religiosas como um princípio que orienta os valores éticos de diferentes culturas. No entanto, explique aos estudantes que, embora seja tão simples e tão antigo, ainda hoje é muito difícil de ser colocado em prática na nossa sociedade marcada pelo individualismo, pelo espírito competitivo e pelo preconceito em relação ao que é diferente.

Veja a sugestão a seguir.

## UBUNTU – "EU SOU PORQUE NÓS SOMOS"

EU SÓ POSSO SER PESSOA POR MEIO DAS OUTRAS PESSOAS

1. UBUNTU É:

◯ AMAR
◯ PARTILHAR
◯ CUIDAR
◯ PREJUDICAR
◯ PENSAR APENAS NO PRÓPRIO BEM
◯ SER CUIDADOSO COM O OUTRO

2. PARA CONVIVERMOS BEM UNS COM OS OUTROS, TEMOS UMA REGRINHA QUE ESTÁ PRESENTE EM DIVERSAS CULTURAS. ELA DIZ ASSIM:

"NÃO FAÇA AOS OUTROS AQUILO QUE NÃO GOSTARIA QUE FIZESSEM COM VOCÊ, MAS TORNE HÁBITO PRATICAR AQUILO QUE GOSTARIA QUE FIZESSEM COM VOCÊ".

COM BASE NESSA REGRA, FAÇA UM DESENHO REPRESENTANDO O QUE VOCÊ FAZ OU PODE FAZER PARA TORNAR A VIDA DAS PESSOAS MAIS BONITA E FELIZ.

## APROPRIAÇÃO E RESSIGNIFICAÇÃO

### Cuidar da vida

Propõe-se uma dinâmica com balões para um momento lúdico, divertido e, ao mesmo tempo, reflexivo. Para isso, entregue a cada estudante um balão colorido e, em seguida, peça que soprem até enchê-lo de ar. Siga os passos:

1. Afaste as carteiras para deixar o espaço aberto na sala para a brincadeira.
2. Oriente os estudantes a brincarem com os balões jogando-os para o alto, tendo todo o cuidado para não deixarem nenhum balão cair.
3. No segundo momento, oriente-os a segurarem um balão protegendo-o e, ao mesmo tempo, tentando estourar o balão do colega.
4. Depois de a maioria ter estourado os balões, sente-se com os estudantes em roda, no chão da sala, e conduza as seguintes reflexões:
    - Qual foi o momento mais tranquilo? Quando cuidaram ou quando protegiam e estouravam balões?
    - Os balões representam as pessoas. O que é mais fácil: ajudar a cuidar ou prejudicar?
    - No dia a dia, como devemos tratar as pessoas?

Motive os estudantes a admirarem as qualidades alheias; a elogiarem os encantos dos outros; a exaltarem o que há de melhor em cada pessoa. Afinal, todos os seres humanos estão nesta jornada terrestre para algum tipo de aprendizado, e isso não acontece sem a presença do outro em nossas vidas, ou seja, não podemos viver sozinhos. Destaque que é necessário sempre buscar a melhor forma de nos relacionarmos com o outro. Explique que nos sentimos seguros quando somos cuidados, por isso aceitamos e precisamos de regras que protejam o bem-estar de todos e que não privilegiem apenas algumas pessoas.

Para finalizar, conte a história "Floquinho de algodão", organizada por Alenilda Carvalho e disponível no YouTube, que apresenta o amor como um floquinho de algodão que é dado, trocado ou guardado pelas pessoas, dependendo da situação.

**VÍDEO**

HISTÓRIA Floquinho de Algodão. 1 vídeo (5 min.), 2021. Publicado pelo canal Alenilda Carvalho.

Entregue a cada estudante uma bolinha de algodão (se quiser, pode colocar em um saquinho e amarrar um lacinho com a frase "Obrigado(a) por receber o meu amor"). Depois de contar a história, oriente os estudantes a trocarem o "amor" entre si. Explique que os nossos sentimentos bons e as nossas atitudes corretas, quanto mais forem colocados em prática em nosso cotidiano, mais nos fazem sentir amados e acolhidos. Nesse momento, reforce o conceito de que cada pessoa é sagrada, única e digna de ser amada e acolhida nas suas diferenças e fragilidades.

## ATIVIDADE AVALIATIVA

A avaliação deve ser processual, todas as atividades propostas devem ser acompanhadas durante o desenvolvimento da aprendizagem.

Solicite aos estudantes que produzam uma história ilustrada, para apresentarem o que aprenderam com o estudo proposto nesse roteiro. Para isso, distribua recursos para que possam desenhar e escrever frases ou palavras.

Após terem concluído, realize um momento de partilha no qual os estudantes podem conversar com os colegas sobre a importância de partilhar, conviver respeitando as diferenças, ter atitudes gentis na convivência e no cuidado com a vida como algo sagrado[28].

28 CAMINHOS do coração. Intérprete: Gonzaguinha. Compositor: Gonzaguinha. *In:* CAMINHOS do coração. Intérprete: Gonzaguinha. EMI-Odeon Brasil, 1982. 1 LP/CD, faixa 10. • RAONI apud LONGO, I. Ricardo Stuckert faz foto histórica para livro "Índios brasileiros". *Revista Fórum*, 2017. Disponível em: https://revistaforum.com.br/brasil/2017/9/23/ricardostuckert-faz-foto-historica-para-livro-indios-brasileiros-23175.html. Acesso em: 10 fev. 2023.

# O eu, a família e o ambiente de convivência

Francine Porfirio Ortiz[29]

O objeto "O eu, a família e o ambiente de convivência" permite desenvolver com os estudantes uma compreensão mais sensível sobre a participação e a influência que eles têm em suas relações sociais mais imediatas - na escola, na família e na vizinhança em que moram. O objetivo é elevar o interesse dos estudantes por questões relativas à responsabilidade social, auxiliando-os na apropriação de seus papéis sociais como meios de transformar o ambiente e as pessoas ao redor. Esse objeto de conhecimento é bastante relevante quando o consideramos uma introdução ao engajamento cívico, pois está diretamente relacionado ao desenvolvimento da consciência crítica dos estudantes sobre as suas possibilidades de atuação cidadã.

É importante levar os estudantes a associarem a preocupação com os seus espaços de convivência à sua autorresponsabilidade, isto é, àquilo que eles podem, efetivamente, realizar dentro de suas condições biopsicossociais. Assim, poderemos explorar o universo infantil em uma perspectiva mais realista, ou seja, focando o que os estudantes realmente são capazes de fazer, com os seus próprios esforços e dentro das suas

29 Mestra em Educação pela Universidade Federal do Paraná (UFPR), especialista em Terapia Comportamental e Cognitiva pela Faculdade Evangélica do Paraná ( pela Fepar), especialista em Pedagogia, com ênfase em Gestão e Docência, pela Pontifícia Universidade Católica do Paraná (PUCPR), especialista em Assessoria Linguística pelo Instituto Tecnológico e Educacional de Curitiba (Itecne) e bacharel em Psicologia pela Fepar. Atua como psicóloga clínica analítico-comportamental. É pesquisadora e palestrante sobre desenvolvimento socioemocional, habilidades educativas e espiritualidade em sua relação com a saúde mental. Autora, preparadora textual e revisora de materiais didáticos e literários.

condições, para melhorar os ambientes que frequentam e a interação com as pessoas, a natureza e a divindade. As atividades propostas, portanto, visam ofertar aos estudantes oportunidades de autoexpressão do que pensam e sentem sobre os seus ambientes de convivência, validando o seu discurso, as suas competências e o seu potencial sociotransformador.

Intenciona-se, ainda, estimular os estudantes a observarem mais sensivelmente a sua realidade local, a sua vizinhança. Nós a nomeamos como "comunidade" na perspectiva de fortalecer o sentimento de pertença, força motriz do interesse genuíno de melhorar esse ambiente, sem delegar essa responsabilidade a terceiros.

A seguir, indicamos algumas referências que podem favorecer o trabalho pedagógico com essa faixa etária.

## REFERÊNCIAS


COSTA, C. L.; SARMENTO, T. Escutar as crianças e (re)configurar identidades: interações com voz. *Educação em Análise*, Londrina, v. 3, n. 2, p. 72-94, jul./dez., 2018. Disponível em: http://repositorium.uminho.pt/handle/1822/60288. Acesso em: 18 jan. 2023.

FRICK, L. T. Responsabilidade social e relações com pares na infância. *Revista Multidisciplinar em Educação*, Porto Velho, v. 17, p. 672-686, jan./dez., 2020. Disponível em: https://www.researchgate.net/publication/346657630_RESPONSABILIDADE_SOCIAL_E_RELACOES_COM_PARES_NA_INFANCIA. Acesso em: 18 jan. 2023.

PETRUCCII, G. W.; BORSA, J. C.; KOLLER, S. H. A família e a escola no desenvolvimento socioemocional na infância. *Temas em Psicologia*, Ribeirão Preto, v. 24, n. 2, p. 391-402, jun. 2016. Disponível em: http://pepsic.bvsalud.org/scielo.php?script=sci_arttext&pid=S1413-389X2016000200001&lng=pt&nrm=iso. Acesso em: 18 jan. 2023.

## ROTEIRO 01

| Título/tema | Amor em família |
| --- | --- |
| Unidade temática | Identidades e alteridades |
| Objeto de conhecimento | O eu, a família e o ambiente de convivência |
| Habilidade(s) | (EF02ER01) Reconhecer os diferentes espaços de convivência.<br>(EF02ER02) Identificar costumes, crenças e formas diversas de viver em variados ambientes de convivência. |
| Previsão de horas/aula(s) | Duas horas/aulas |
| Recursos | • Equipamento para projeção audiovisual com acesso à internet.<br>• Quadro de giz ou recurso equivalente para anotações.<br>• Massinha de modelar para os estudantes representarem as pessoas de suas famílias.<br>• Folhas de papel A4, giz de cera e lápis de cor para cada estudante.<br>• Fotos impressas de diferentes famílias – variando configurações, etnias e culturas (principalmente religiosas) – realizando diversas atividades (cozinhando, assistindo a um filme, caminhando no parque, brincando na praia, rezando em um templo etc.).<br>• Meia folha de papel A4 para cada estudante, com lápis e borracha.<br>• Poema "A minha família", de Pedro Bandeira (disponível na internet).<br>• Furador de papel.<br>• Fita de cetim fina (aproximadamente 10 centímetros para cada estudante). |

## OBSERVAÇÃO

### Atividade mobilizadora 1

Nesta atividade, vamos convidar os estudantes a falarem sobre suas famílias. O objetivo é que, partindo de sua realidade imediata, possam melhor compreender a realidade de outras pessoas. Espera-se que os estudantes também associem a vida em família com afetividade e cuidado.

Para introduzir o tema, apresente o vídeo disponível no YouTube "Família todo mundo tem", de Suerlene Santos, que adaptou o texto de autoria de Denise Moura de Oliveira:

**VÍDEO**

HISTÓRIA para o Dia da Família – Família todo mundo tem. 1 vídeo (2 min.), 2021. Publicado pelo canal Suerlene Santos.

Esse vídeo auxilia na compreensão do conceito de família. Converse com os estudantes sobre as diferentes famílias que o vídeo apresenta, deixando-os apontar o que acharam legal, curioso ou estranho. Faça uma mediação da conversa para que o respeito à diversidade prevaleça.

Disponibilize massinha de modelar para os estudantes e peça que criem cada pessoa de suas famílias. Oriente para que representem as pessoas com as quais convivem na família, mesmo que não morem juntos (como é o caso de pais divorciados, por exemplo).

Oriente as crianças a apresentarem as pessoas de suas famílias, indicando quem eles são na arte que produziram. Acolha as descrições e motive todos a observarem como as famílias são diferentes – algumas são numerosas, outras não; algumas se compõem de pais e avós, outras não. Destaque o respeito que devemos dedicar a todas as formas de sermos família.

Pergunte aos estudantes se suas famílias pertencem a alguma tradição religiosa, solicitando que comentem como as pessoas de sua família costumam expressar as suas crenças. Exemplifique comentando que muitas avós costumam rezar pela família e ir a algum lugar religioso, como igreja ou terreiro, assim como muitos pais costumam falar de Deus, da divindade, para seus filhos. Acolha os relatos e fortaleça o respeito à diversidade.

## Atividade mobilizadora 2

Sugere-se apresentar o vídeo "A família para crianças - Ana e sua família", de Smile and Learn, disponível no YouTube, que auxilia na compreensão do que seria um bom momento vivido em família, pois apresenta um passeio no qual avós, pais, filhos e cachorro se divertem juntos.

**VÍDEO**

A FAMÍLIA para crianças - Ana e sua família - Aprenda o nome dos membros da família. 1 vídeo (4 min.), 2019. Publicado pelo canal Smile and Learn - Português.

Converse com os estudantes sobre bons momentos que viveram em família ou com alguém da família. Deixe que compartilhem experiências agradáveis que já tiveram, motivando-os para que experiências simples sejam mencionadas - como fazer as refeições juntos ou quando um adulto os coloca para dormir, por exemplo.

Pergunte quais emoções os estudantes sentiram nesses momentos, ajudando-os a descrevê-las. Destaque o carinho e o amor envolvidos em experiências compartilhadas com quem amamos.

Finalize reforçando a importância da família para nos cuidar, amar, ensinar e proteger.

## IDENTIFICAÇÃO E ANÁLISE

Converse com os estudantes sobre o carinho em família. Pergunte quais são as demonstrações de carinho que os estudantes recebem de suas famílias. Ajude-os a pensarem em momentos rotineiros, nos quais a família expressa cuidado, afeto e preocupação com as crianças. O objetivo é auxiliá-los a identificarem expressões afetivas muitas vezes sequer observadas por eles. Ofereça exemplos: as avós que cozinham para os netos; os pais que brincam com os filhos; as mães que lavam a roupa e cuidam da casa para os filhos; dentre outros.

Depois, pergunte quais são as demonstrações de carinho dos estudantes pelas pessoas de suas famílias. Ajude-os com exemplos: guardar seus brinquedos; ajudar a organizar ou limpar a casa; não gritar ou correr quando os adultos pedem; não brigar com os irmãos... Anote na lousa ou em outro recurso para que possam visualizar as próprias respostas.

Explore que na família aprendemos coisas importantes para a vida. Cite como exemplos os ensinamentos e as mensagens religiosas que se fazem presentes no dia a dia de algumas pessoas desde a infância, como a oração e o amor ao próximo. Comente que os ensinamentos religiosos nas famílias orientam as pessoas a realizarem ações para se aproximarem da divindade, de Deus, e a praticarem valores que ajudam a promover a paz em quaisquer ambientes, como o respeito, a solidariedade, o cuidado e o acolhimento.

Distribua folhas de papel, giz de cera e lápis de cor. Oriente os estudantes a desenharem um dos ensinamentos que eles receberam de suas famílias (ou de alguma que conheçam, caso não tenham pertença religiosa) e que acham importante para as suas vidas. Finalize com um momento de partilha dos desenhos.

**IMPORTANTE**

Reserve as criações dos estudantes para outra atividade.

## APROPRIAÇÃO E RESSIGNIFICAÇÃO

Apresente fotos impressas de diferentes famílias, variando configurações, etnias e culturas (principalmente religiosas). Peça que os estudantes observem e comentem o que veem nas fotos. Esclareça dúvidas e explique elementos culturais que as fotos trazem.

Comente que nenhuma família é igual à outra, pois as pessoas são muito diferentes. Destaque o respeito que devemos ter por configurações familiares distintas da nossa.

Organize os estudantes em duplas e distribua as fotos para cada uma. Peça que conversem sobre o que a família fotografada está fazendo e quais emoções as pessoas envolvidas expressam. Incentive que imaginem quem são as pessoas da foto, do que elas gostam, o que fazem, se possuem uma crença religiosa, o que provavelmente disseram quando a foto foi registrada, o que estavam pensando naquele momento...

Solicite que cada dupla apresente a foto e o que imaginaram a respeito dela. Se necessário, ofereça exemplos.

Ajude os estudantes na apresentação, ressaltando a afetividade e os ensinamentos culturais ou religiosos registrados na foto. Destaque elementos religiosos que talvez não sejam descritos, como símbolos e vestes indicativas de tradições religiosas específicas.

## ATIVIDADE AVALIATIVA

Distribua meia folha de papel A4 para cada estudante com lápis e borracha. Oriente os estudantes a escreverem um poema para suas famílias, demonstrando todo o seu carinho e a sua gratidão pelos cuidados e pelos ensinamentos recebidos. Ofereça como exemplo o poema "A minha família", de Pedro Bandeira, facilmente encontrado na internet.

Organize os estudantes em círculo para um momento de partilha dos poemas e ajude na apresentação de cada um. Auxilie-os a observarem se nos poemas é possível identificar os ensinamentos religiosos praticados pelas famílias – destaque que esses ensinamentos podem estar presentes na maneira como as pessoas cuidam umas das outras em suas famílias, uma vez que amor e respeito são valores também religiosos.

Ao fim da atividade, com um furador de papéis, fure a lateral do poema e a lateral dos desenhos que os estudantes fizeram anteriormente. Una ambas as atividades de cada estudante com um lacinho feito de fita de cetim e entregue o conjunto para que presenteiem as suas famílias.

Freepik

## ROTEIRO 02

| Título/tema | Fazendo a nossa parte |
|---|---|
| Unidade temática | Identidades e alteridades |
| Objeto de conhecimento | O eu, a família e o ambiente de convivência |
| Habilidade(s) | (EF02ER01) Reconhecer os diferentes espaços de convivência.<br>(EF02ER02) Identificar costumes, crenças e formas diversas de viver em variados ambientes de convivência. |
| Previsão de horas/aula(s) | Duas horas/aulas |
| Recursos | • Quadro de giz ou recurso equivalente para anotações;<br>• Fantoches para contar uma história inspiradora sobre uma criança que mudou algo em sua comunidade;<br>• Recursos para uma atividade de encenação, como perucas, aventais, chapéus, armações de óculos e outros;<br>• Cartolinas, canetinhas, revistas para recorte, tesouras e colas para duplas ou trios de estudantes. |

## OBSERVAÇÃO

### Atividade mobilizadora 1

Converse com os estudantes sobre quais são os ambientes da escola e ajude-os a enumerá-los: biblioteca, banheiros, pátio, refeitório, salas de aula, corredores e outros. Comente que todos esses ambientes são espaços de convivência, isto é, espaços onde encontramos e interagimos com outras pessoas.

Eleja um dos espaços para problematizar situações com os estudantes. Vamos exemplificar com a biblioteca. Pergunte o que fazemos na biblioteca da escola – ler; pesquisar; aprender; ouvir contação de histórias; dentre outras atividades. Pergunte, então, quais são as regras para usufruir desse espaço – não amassar, rasurar ou perder livros; não correr; não gritar; dentre outras, segundo a realidade local.

Problematize como seria se um colega fizesse bagunça na biblioteca enquanto outros estudantes tentassem ler e pesquisar. Pergunte se isso atrapalharia as pessoas que ali estão, depois investigue o que os estudantes fariam se algo assim acontecesse. Acolha as respostas e faça uma mediação para que se construa em consenso as reações mais adequadas: pedir ao colega para parar; convidar o colega para ler junto; informar à bibliotecária ou ao professor o que está acontecendo...

Finalize comentando que a biblioteca, assim como todos os outros ambientes de convivência, conta com a colaboração de todos para funcionar bem.

### Atividade mobilizadora 2

Pergunte aos estudantes sobre a rua onde moram e o caminho que fazem até a escola. Peça detalhes sobre árvores, prédios, casas, torres, igrejas e templos, placas, comércios e outros elementos da região. Esclareça que você deseja apenas saber o quanto os estudantes conhecem a sua comunidade. Descreva que quando não estamos dentro dos portões da escola ou de casa, estamos utilizando espaços públicos.

São públicos porque qualquer pessoa pode usufruir deles. Quem pode dirigir nas ruas? Quem pode caminhar nas calçadas? Todos temos esses direitos, e isso significa que todos somos responsáveis por esses lugares.

Pergunte quais são as regras para usar bem o espaço público e exemplifique algumas delas: não jogar lixo na rua para não entupir os bueiros; não jogar lixo em terrenos baldios (principalmente para evitar doenças transmitidas por mosquitos); não atravessar a rua fora da faixa; usar cinto de segurança no carro; não escrever ou desenhar nos muros e edifícios... Ajude os estudantes a perceberem que também é preciso colaboração para que o espaço público funcione bem para todos.

## IDENTIFICAÇÃO E ANÁLISE

Providencie fantoches para contar uma história inspiradora sobre uma criança que mudou algo em sua comunidade. A intenção é levar os estudantes a perceberem a sua própria capacidade de melhorar os seus ambientes. A seguir, um exemplo de história a ser contada:

Ana é uma menina muito alegre. As pessoas que a conhecem costumam achá-la divertida e espontânea. O seu Heitor, dono da banquinha de jornal que fica a caminho da escola de Ana, já se acostumou com a menina lhe dizendo um simpático "Bom dia, seu Heitor!" todas as manhãs. Ela passa por ali sempre no mesmo horário, caminhando de mãos dadas com a mãe até a escola. Ana tem oito anos, e ela adora ir para a escola. Lá brinca bastante com os amigos e aprende muito. Ela gosta de estudar e perguntar detalhes do que a professora explica. Aliás, a professora acha engraçada toda a curiosidade de Ana. Certo dia, Ana e a mãe precisaram mudar o caminho até a escola por causa de uma obra na calçada. Ana não caminhava com frequência naquela quadra, por isso se surpreendeu quando viu uma praça tão perto de sua casa. "Mãe, por que a gente nunca vem a esta praça? Olha, tem até balanço!" A mãe suspirou e respondeu um pouco triste: "Ah, filha, esta praça está meio abandonada. Olhe a sujeira no chão, a grama alta, os brinquedos enferrujados... Não é um bom lugar para vir". Ana observou o que a mãe apontou e percebeu que a praça realmente não era um bom lugar para irem, mas poderia ser. Na escola, Ana conversou com amigos sobre a "praça abandonada". Alguns conheciam o lugar, outros até quiseram conhecer, mas todos eles acharam uma pena que a praça estivesse daquele jeito malcuidado. No fim do dia, sempre curiosa, Ana perguntou para a professora com quem era preciso falar para que a praça recebesse os cuidados de que precisava. A professora explicou que infelizmente essas coisas eram comuns, porque era difícil falar com os responsáveis. "A praça é de quem?", quis saber Ana. Surpresa, a professora respondeu: "Bem, a praça é de todos nós". Ana se sentiu confusa: "Ora, se é um lugar de todos, então todos deveriam cuidá-lo, não é?" A professora sorriu, e uma ideia foi surgindo. A escola conversou com a prefeitura, e logo um projeto começou. Foram enviados convites para que as famílias dos estudantes se tornassem voluntárias na limpeza da praça e o grande dia chegou. Junto a pessoas que trabalhavam para a prefeitura, Ana, os amigos, as famílias, as professoras, os vizinhos e até o seu Heitor se reuniram para tornar a praça um lugar melhor a todos. Os brinquedos da praça receberam pintura nova, a grama foi cortada, o lixo foi recolhido e as lixeiras foram consertadas. A praça ganhou luz nova, e flores foram plantadas. Foi um dia de muito trabalho, mas cheio da animação de todos! Foi bonito ver crianças voltando a brincar ali, pessoas passeando com seus cães, os pais sentados nos bancos para conversarem... A praça se tornou o que poderia ser, graças a uma menina que entendeu que aquele lugar era de todos, e todos poderiam cuidá-lo.

Converse sobre a história com os estudantes e ajude-os a perceberem que suas boas ideias podem se tornar realidade, se as compartilharem com as pessoas. Comente que a escola é um lugar onde podem expressar as suas opiniões, principalmente aquelas capazes de melhorar os ambientes nos quais convivemos com as pessoas. Se tiverem ideias sobre como melhorar a escola, o bairro ou a sua casa, é importante que as compartilhem e valorizem. O objetivo é promover responsabilidade social e compromisso com o bem-estar das pessoas com quem convivem.

SUGESTÃO

Se possível, esse conteúdo pode ser uma introdução para a realização de uma assembleia de estudantes com a diretoria e a equipe pedagógica da escola. Assembleias são ótimas oportunidades de incentivar a responsabilidade social dos estudantes, desde que haja interesse genuíno em acolher as suas opiniões sobre a escola e refletir sobre elas para avaliar as suas viabilidades. Mesmo que algumas sugestões dos estudantes não sejam factíveis, dar espaço para que elas surjam, acolhê-las e respondê-las, explicando por que não são possíveis, influencia diretamente o desenvolvimento cívico. Quanto mais os estudantes perceberem que a escola busca validar sua experiência nesse espaço, mais se sentirão responsáveis por preservá-la e torná-la melhor.

Apresente exemplos de intervenções sociais que as tradições religiosas organizam, mobilizando grupos de pessoas voluntárias que desejam praticar o bem em diferentes ambientes – inclusive aqueles que não as beneficiarão diretamente, como o exemplo da história contada. Sugere-se mencionar, por exemplo, as Pastorais do cristianismo católico; as distribuições de alimentos pelo Movimento Hare Krishna, que se organiza em torno do hinduísmo; as doações que os monges budistas recebem e distribuem ao povo, orientados pelo senso de não acumular ou manter bens, dentre outros.

Pode-se mencionar também as campanhas de agasalhos e alimentos realizadas pelas tradições religiosas em busca de tornar a vida das pessoas melhor, assim como as visitas que grupos religiosos realizam a asilos e orfanatos para praticar o carinho e a atenção às pessoas. Como curiosidade, descreva que, no judaísmo, quando uma criança começa a falar, recebe uma caixinha chamada *Tsedacá*. Trata-se de uma caixinha da caridade, na qual a criança coloca nela parte do dinheiro que ganhar de presente de avós, pais e outros parentes. O que guardar na caixinha é para ser doado a pessoas que precisam de ajuda. Essa é uma forma de a criança aprender a ajudar o outro, a partilhar, a não pensar apenas em si mesma. Incentive os estudantes a comentarem ensinamentos similares de suas tradições religiosas ou de alguma que conheçam.

## APROPRIAÇÃO E RESSIGNIFICAÇÃO

Nesta atividade, vamos abordar atitudes que ajudam a tornar melhores as nossas relações na escola, na família e na comunidade.

Oriente os estudantes a conversarem em duplas ou trios sobre o que é preciso fazer para que as pessoas com as quais convivem se sintam bem com eles. Se necessário, faça perguntas para auxiliar a conversa, tais como:

- Como é uma pessoa legal, com quem gostamos de brincar e conversar? O que ela faz que nos leva a pensar: "Puxa, que pessoa legal!"?
- Pensem em alguém que vocês achem gentil na escola. O que essa pessoa faz que vocês acham gentil?
- O que não é legal de se fazer com os amigos, a família etc.?
- O que fazemos que pode deixar alguém feliz?
- E o que fazemos que pode deixar alguém triste?
- Como se sentem quando alguém provoca ou irrita vocês?
- O que pensam sobre aqueles que ficam falando mal dos outros ou criando apelidos?

Peça para os estudantes apresentarem o resultado de suas reflexões. Anote essas reflexões na lousa ou em outro recurso, adaptando-as para que se tornem orientações de comportamento, tais como: cumprimentar as pessoas; não brigar ou xingar; ajudar quando pedem ou quando notamos que alguém precisa; arrumar a própria bagunça; não inventar apelidos para as pessoas; praticar o respeito diante das diferenças e do diferente; dizer a verdade etc. Essa lista de orientações pode se tornar uma referência para os estudantes.

Distribua uma orientação de comportamento para cada dupla ou trio de estudantes representá-la com uma encenação. Ajude-os a pensarem em situações e diálogos que ressaltem a importância de agir segundo a orientação a ser encenada. Explique que podem encenar algo que demonstre os efeitos de quando a orientação é seguida e de quando ela não é praticada. Ofereça recursos para a encenação, como perucas, aventais, chapéus, armações de óculos e outros.

Finalize com os estudantes apresentando as suas encenações. Depois, conversem sobre as situações representadas e o impacto das atitudes encenadas na vida das pessoas, da família e da comunidade.

## ATIVIDADE AVALIATIVA

Divida os estudantes nas mesmas duplas ou trios da atividade anterior. Distribua para cada dupla ou trio uma cartolina, canetinhas, revistas para recorte, tesoura e cola.

Oriente os estudantes a confeccionarem um cartaz de divulgação das atitudes que ajudam a melhorar os nossos ambientes de convivência. Peça que pensem nos ambientes da escola, da família, da comunidade onde moram e da comunidade religiosa.

Oriente-os a escreverem as atitudes que desenharam no cartaz, ilustradas por seus desenhos e/ou suas colagens.

Os cartazes podem ser colocados em locais visíveis (corredores, murais...) da escola.

# Memórias e símbolos

Daniela Aparecida Tomazini[30]

“Identidades e alteridades” será o tema norteador destes roteiros de estudo e atividades. Ao trabalhar as questões ligadas à nossa identidade e à nossa relação com o outro, vamos refletir sobre questões relacionadas à construção do “eu”. A nossa identidade é resultado das experiências que vivenciamos, dos encontros que temos e dos aprendizados que adquirimos a partir das relações com familiares, amigos, no ambiente escolar, na comunidade religiosa... Tudo o que vivenciamos se torna memória e aprendizado. O que acreditamos é resultado das influências, das trocas, das vivências pelas quais passamos.

Nesse sentido, surge a necessidade de abordar o objeto do conhecimento “memórias e símbolos”. Nossas memórias contam a nossa história, e nossa história é permeada de elementos simbólicos, objetos, músicas, celebrações, fotos, histórias etc. Tudo evoca simbologia, ou seja, as coisas não são simplesmente coisas, elas carregam ensinamentos, saberes, crenças e sentimentos que fazem parte de quem somos e de como nos expressamos em nosso relacionamento com os outros, a natureza e a divindade.

A seguir, apresentamos uma sugestão de leitura para favorecer a preparação ao tema.

**SUGESTÃO DE LEITURA**

BARROS, J. D’A. Tempos e lugares da memória – Uma relação com a História. Historiæ, v. 8, n. 1, p. 9-30, 2017.

30 Licenciada e mestra em Ciências Sociais pela Universidade Federal de Uberlândia (UFU), especialista em Docência na Educação Superior e em Ciências da Religião também pela UFU. É professora de Ensino Religioso na rede municipal de Uberlândia e na rede privada de educação, no Instituto Teresa Valse.

## ROTEIRO 01

| Título/tema | Minhas memórias contam a minha história |
|---|---|
| Unidade temática | Identidades e alteridades |
| Objeto de conhecimento | Memórias e símbolos |
| Habilidade(s) | (EF02ER03) Identificar as diferentes formas de registro das memórias pessoais, familiares e escolares (fotos, músicas, narrativas, álbuns...). |
| Previsão de horas/aula(s) | Duas horas/aulas |
| Recursos | • Equipamento para projeção audiovisual com acesso à internet.<br>• Folha de papel A4 e lápis de cor.<br>• Atividade impressa: "Nossas lembranças contam a nossa história".<br>• Folha de papel A4 e bilhete sobre a atividade "Memórias em família" para cada estudante.<br>• Papel kraft. |

## OBSERVAÇÃO

### Atividade mobilizadora 1

Falar de memórias é revisitar o passado; é relembrar momentos, situações e experiências significativas que proporcionaram alegrias, aprendizagem, dor e superação. Falar sobre memórias com crianças é o nosso próximo desafio. Para tanto, sugerimos que os estudantes sejam convidados a falarem de suas lembranças boas e alegres. Vamos lá!

Entregue a cada estudante uma folha de papel em branco e distribua lápis de cor. Peça a todos que desenhem o momento mais feliz que já vivenciaram. Para ilustrar a proposta, relate uma situação muito feliz para você. Essa partilha proporciona intimidade e confiança entre os participantes.

Determine um tempo para o desenho, aproximadamente 25 minutos, e estimule os estudantes a serem criativos.

Em seguida, convide os estudantes a se sentarem em círculo – pode ser no chão da sala, por exemplo – e conduza um momento de partilha. Deixe que cada um apresente o seu desenho descrevendo onde e com quem estava. Faça perguntas para que o estudante esclareça o que tornou aquele momento tão feliz.

**IMPORTANTE**

Reserve os desenhos para usá-los na avaliação.

Finalize explicando que cada experiência da nossa vida é importante e traz aprendizado, inclusive momentos difíceis em que nos tornamos mais fortes para superar os obstáculos. Diga que está tudo bem ficar triste às vezes, pois cada momento tem algo a nos ensinar, por isso nossas memórias são tão importantes. Quando lembramos, podemos reconhecer o quanto aprendemos e o quanto nos transformamos a partir daquela experiência, assim como podemos reviver sentimentos e eternizar momentos de vida.

Conte para os estudantes que os antigos gregos tinham uma palavrinha específica para se referirem às memórias especiais: eles diziam que era um tempo Kairós, um tempo sagrado. Cada momento que vivemos intensamente, que de fato aproveitamos, torna-se único. Comente que, às vezes, não estamos realmente aproveitando as experiências, principalmente quando fazemos algo por fazer, por obrigação, ou já pensando na próxima atividade. Kairós pede que aproveitemos as oportunidades, que vivamos o agora. Explique que ficar só "curtindo" a vida virtual nas redes sociais, por exemplo, pode dificultar curtir a vida real com as pessoas que estão à nossa volta. Assim, ao estar com os amigos, é preciso buscar equilíbrio para não ficar preso aos joguinhos eletrônicos, mas dividir o tempo com brincadeiras ao ar livre, com conversas...

Explique que as tradições religiosas valorizam muito a memória de seus ensinamentos. Comente que acontecimentos e práticas religiosas celebrados nas famílias ou nos templos religiosos têm, entre outros objetivos, a intenção de fortalecer a fixação de momentos e pessoas importantes para a tradição. Pergunte se os estudantes têm lembranças que envolvem pessoas ou festas religiosas, como ir a uma cerimônia de casamento ou visitar um lugar sagrado. Convide-os a partilharem alguns desses momentos, descrevendo também como se sentiram ao vivê-los.

### Atividade mobilizadora 2

Como tarefa de casa, peça para os estudantes que conversem e perguntem aos seus familiares sobre o dia ou o momento mais feliz que já viveram. Comente que essa partilha em família será uma oportunidade para se conhecerem melhor e se divertirem juntos. Solicite que os estudantes registrem as respostas para compartilhar com a turma.

## IDENTIFICAÇÃO E ANÁLISE

Comente a necessidade de registrar nossas memórias para que elas não se percam em meio às diferentes experiências que vivemos constantemente. Para começar, converse com os estudantes sobre como podemos conhecer melhor as pessoas ouvindo a sua narrativa sobre lembranças que são importantes para elas.

Para favorecer a conversa, pode-se ler para os estudantes o livro a seguir:

- SILVA, C. C. da.; RIBEIRO, N. *A colcha de retalhos*. São Paulo: Editora do Brasil, 2010.

Nesse livro, uma avó relata memórias e sentimentos ao neto, de maneira delicada e sensível. Por meio da costura de uma colcha de retalhos, a avó aborda a importância das memórias e a saudade das experiências vividas.

Para se inspirar sobre como apresentar a história, pode-se fazer uma pesquisa na internet, nos canais dos contadores de história, para reunir dicas que enriqueçam esse momento de sua prática pedagógica.

Em seguida, entregue aos estudantes a atividade apresentada na próxima página.

# NOSSAS LEMBRANÇAS CONTAM A NOSSA HISTÓRIA

1. AS MEMÓRIAS FAZEM PARTE DAS NOSSAS LEMBRANÇAS, DAQUILO QUE VIVENCIAMOS E QUE FOI IMPORTANTE, ESPECIAL E SIGNIFICATIVO PARA CADA UM DE NÓS. NOSSAS MEMÓRIAS CONTAM A HISTÓRIA QUE VIVEMOS. E, PARA QUE A GENTE NÃO CORRA O RISCO DE ESQUECER ALGO IMPORTANTE, PODEMOS FAZER O REGISTRO DAS MEMÓRIAS PESSOAIS, FAMILIARES, ESCOLARES E RELIGIOSAS UTILIZANDO DIFERENTES RECURSOS.

   PROCURE NO CAÇA-PALAVRAS 8 RECURSOS OU FORMAS DE REGISTRO QUE PODEM AJUDAR A ETERNIZAR AS NOSSAS LEMBRANÇAS.

| | | | | | | | | | | | |
|---|---|---|---|---|---|---|---|---|---|---|---|
| X | C | V | H | J | L | Ç | S | R | A | H | W |
| B | F | M | D | L | I | V | R | O | J | I | F |
| Z | S | Ú | Q | H | S | L | H | Q | P | S | Y |
| F | Q | S | K | V | Í | D | E | O | F | T | K |
| O | L | I | L | T | Z | I | S | B | W | Ó | H |
| T | R | C | Ç | K | L | Á | H | J | Q | R | K |
| O | L | A | Z | Q | T | R | Q | E | Ç | I | Q |
| Z | S | L | K | R | Z | I | S | T | L | A | K |
| L | K | L | Q | K | J | O | H | O | V | S | H |
| Q | D | E | S | E | N | H | O | Z | X | Q | S |

Freepik

| | |
|---|---|
| VÍDEO | DIÁRIO |
| DESENHO | LIVRO |
| MÚSICA | OBJETO |
| HISTÓRIAS | FOTO |

2. O NOSSO JEITO DE SER É SEMPRE LEMBRADO QUANDO PENSAM NA GENTE. PAULO FREIRE, QUE FOI UM IMPORTANTE EDUCADOR, DISSE: "EU GOSTARIA DE SER LEMBRADO COMO UM SUJEITO QUE AMOU PROFUNDAMENTE O MUNDO E AS PESSOAS, OS BICHOS, AS ÁRVORES, AS ÁGUAS, A VIDA".

   AGORA É A SUA VEZ. DESENHE OU ESCREVA, NO QUADRO, O QUE VOCÊ DESEJA QUE AS PESSOAS LEMBREM A SEU RESPEITO QUANDO PENSAREM EM VOCÊ. COMO VOCÊ QUER SER LEMBRADO?

Após a realização da atividade de caça-palavras, ajude os estudantes a identificarem como as memórias podem ser mais facilmente guardadas quando estão registradas em fotos, diários, vídeos, músicas, objetos etc. Comente que guardar memórias de um modo concreto, não apenas em pensamento, pode ajudar a eternizar um momento, um saber, um sentimento, um conhecimento...

Apresente exemplos de elementos que eternizam memórias religiosas, como símbolos (medalhas, fotos, imagens...) e textos sagrados de diferentes tradições. Explique que os símbolos religiosos sintetizam momentos, ensinamentos, valores e a fé para os seguidores das tradições religiosas, por isso são importantes elementos para manter nas comunidades, nas famílias, as memórias importantes às tradições religiosas. Ao apresentar esses elementos como exemplos, pergunte aos estudantes se os conhecem ou já viram, permitindo partilhas e esclarecendo dúvidas.

## APROPRIAÇÃO E RESSIGNIFICAÇÃO

Proponha uma atividade para ser realizada em casa.

Distribua uma folha de papel e o bilhete sobre a atividade "Memórias em família" a cada estudante. Peça que entreguem ambos às suas famílias.

Leia o bilhete com os estudantes e esclareça dúvidas. Oriente que, nas memórias, é importante aparecer também os acontecimentos religiosos vivenciados pela família, como batismos, casamentos e outros que são especiais.

### MEMÓRIAS EM FAMÍLIA

*Querida família,*

*Nas aulas de Ensino Religioso, estamos falando sobre as memórias que temos e o que aprendemos com elas.*

*Esta atividade convida vocês a montarem uma linha do tempo, com o uso de fotos, desenhos ou recortes para colagem, relatando os momentos mais especiais da vida da sua criança. A proposta é que esta atividade seja realizada de um modo que vocês reservem um tempinho para revisitar o passado, olhar os álbuns de fotografias, rever os momentos especiais e as lembranças da vida em família, curtindo esse processo juntos.*

Ao construir a sua linha do tempo com a família, o estudante terá a oportunidade de conhecer um pouco de sua história e de entrar em contato com as memórias dos momentos fundantes da sua vida.

Durante a partilha da linha do tempo, destaque as semelhanças e as diferenças entre os estudantes, de maneira especial aquelas relacionadas às suas vivências nas tradições religiosas às quais pertencem – sempre respeitando aqueles que não professam nenhuma crença.

Sugere-se a confecção de uma "colcha de retalhos" de memórias dos estudantes.

Em papel kraft, monte a colcha de retalhos pedindo que cada estudante cole o desenho de seu "momento feliz" e a sua linha do tempo, elaborada com a família. A proposta é que todas as lembranças dos estudantes componham um mesmo mural.

Quando a colcha de retalhos estiver pronta, peça que observem as lembranças ali coladas uns dos outros. Explique que as nossas vidas estão interligadas, pois aprendemos a ser quem somos nas experiências vividas com as pessoas ao redor. Comente que tudo o que fazemos pode influenciar positiva ou negativamente os outros, gerando experiências, aprendizados e memórias. Destaque que a colcha de retalhos representa as memórias de todos reunidas, sendo agora, também, uma memória construída junto aos colegas.

## ATIVIDADE AVALIATIVA

Oriente os estudantes a fazerem um desenho que expresse as aprendizagens do estudo realizado. Solicite que deem um título ao desenho e, usando a sua imaginação, escrevam uma ou duas frases sobre a imagem, associadas ao conteúdo do estudo.

Explique que, com essa atividade, organizarão um mural das aprendizagens.

Após a socialização, peça que identifiquem o que cada um contemplou do estudo e ofereça a oportunidade aos estudantes de complementarem os seus trabalhos como forma de revisão da aprendizagem.

## ROTEIRO 02

| Título/tema | Símbolos comunicam a vida |
|---|---|
| Unidade temática | Identidades e alteridades |
| Objeto de conhecimento | Memórias e símbolos |
| Habilidade(s) | (EF02ER04) Identificar os símbolos presentes nos variados espaços de convivência. |
| Previsão de horas/aula(s) | Três horas/aulas |
| Recursos | • Equipamento para projeção audiovisual com acesso à internet.<br>• Folhas de papel A4, canetinhas e lápis de cor para cada estudante.<br>• História "A folha de papel que queria ser um barquinho" (disponível na internet).<br>• Livro "O homem e a comunicação: o livro dos gestos e dos símbolos", de Ruth Rocha e Otávio Roth (Melhoramentos, 2000).<br>• Atividade impressa sobre símbolos.<br>• Conto africano sobre a boneca Abayomi, de domínio público (disponível na internet).<br>• Retalhos de tecido colorido e preto. |

## OBSERVAÇÃO

Caro professor, já parou para pensar que toda a nossa realidade cultural é permeada por elementos simbólicos? Os símbolos estão em toda parte e são elementos essenciais para que haja comunicação, sendo necessários para a interação entre os indivíduos. O tom de voz, os gestos e as expressões faciais podem reiterar ou alterar o sentido das palavras, pois estão no campo simbólico da comunicação. Da mesma forma, objetos, cores, elementos naturais... tudo pode ter um significado simbólico; tudo pode expressar algo além da sua realidade concreta. Um símbolo representa abstrações, é uma coisa que pode significar várias outras (ideias, sentimentos, valores, crenças, informações etc.). Nossa proposta com os roteiros de estudo e atividades é oferecer recursos para despertar nos estudantes a capacidade de olhar para o mundo à sua volta e perceber-se envolto de elementos simbólicos. Quanto maior a sua capacidade de decodificar as diferentes simbologias, maior será a sua facilidade para se comunicar e interagir com os outros.

### Atividade mobilizadora 1

Entregue uma folha de papel para cada estudante e, em seguida, conte a história da folha que queria ser um barquinho, facilmente encontrada na internet e de autoria desconhecida. Essa história apresenta a dobradura de um barco em passo a passo, porém, em cada passo, o papel adquire a aparência de algo diferente. É uma história que permite abordar como o papel pode representar diferentes coisas simbolicamente, antes de se tornar um barco em definitivo.

Para conhecer e apresentar a história, indicamos algumas sugestões de vídeos de contadores de histórias.

**VÍDEOS**

CONTAÇÃO de história – A folha que queria ser um barquinho. 1 vídeo (4 min.), 2018. Publicado pelo Canal Kátia Pecand.

HISTÓRIA contada/infantil – A folha de papel que queria ser um barquinho – Mundo Serelepe. 1 vídeo (3 min.), 2019. Publicado pelo canal Mundo Serelepe.

Durante a apresentação da história, confeccione (e oriente os estudantes a acompanharem) o barquinho de papel seguindo o passo a passo da narrativa. Depois, quando todos finalizarem a dobradura, distribua lápis de cor e canetinhas para que os estudantes pintem e enfeitem os barquinhos.

**DICA**

Para o barquinho flutuar na água sem desmanchar, basta passar cola branca e esperar secar antes de os estudantes brincarem.

### Atividade mobilizadora 2

Converse com os estudantes sobre as diferentes formas que o papel assumiu durante a dobradura. Lembre-os de que cada forma representava alguma coisa. Explique que os diferentes formatos são símbolos, ou seja, "uma coisa que representa outra coisa". Nesse momento, aproveite para conceituar o que é símbolo e o que é simbologia, em uma linguagem acessível à compreensão dos estudantes.

Entregue a atividade a seguir, ou escreva-a na lousa para que os estudantes copiem e respondam no caderno.

## SÍMBOLOS

Freepik

Freepik

A MENINA TRANSFORMOU O PAPEL EM CABANA, LIVRINHO, TELHADO DE UMA CASINHA, CHAPÉU DE SOLDADO, BICO DE PATO, TRIÂNGULO, PIPA E, FINALMENTE, EM UM BARQUINHO. QUAIS DESSAS TRANSFORMAÇÕES VOCÊ MAIS GOSTOU? SE VOCÊ PUDESSE SE TRANSFORMAR EM ALGUMA OUTRA COISA, O QUE SERIA E POR QUÊ? FAÇA UM DESENHO BEM BONITO PARA REPRESENTAR A SUA RESPOSTA.

EU QUERIA SER:

Proponha um momento de partilha para que os estudantes conversem sobre as suas respostas. Ajude-os a identificarem semelhanças e diferenças, a observarem os símbolos escolhidos para os representar e a relação desses símbolos com algo das memórias familiares, escolares ou religiosas.

**SUGESTÃO**

Proponha uma atividade para ser realizada em casa. Oriente os estudantes a mostrarem o seu barquinho para a família e a contarem a história que ouviram. Para isso, é importante indicar os links da internet nos quais é possível encontrar a história ou entregá-la impressa a cada estudante. Incentive-os a brincarem com a família usando o barquinho em uma bacia com água. Essa atividade pode proporcionar um momento significativo para o estudante em contato lúdico com os seus responsáveis.

## IDENTIFICAÇÃO E ANÁLISE

Conte aos estudantes a história presente no livro a seguir:

- ROCHA, R.; ROTH, O. *O homem e a comunicação*: o livro dos gestos e dos símbolos. São Paulo: Melhoramentos, 2000.

Esse livro mostra como podemos nos comunicar usando diferentes formas de linguagem, como gestos, Código Morse, música, cores, vestes, dentre outras. Caso não seja possível acessar o livro indicado, sugere-se abordar, por meio de imagens ilustrativas, a diversidade de linguagens em uma roda de conversa com os estudantes.

Para fixação das diferentes linguagens apresentadas, sugere-se realizar a atividade a seguir ou outra semelhante.

### OS SÍMBOLOS ESTÃO POR TODA PARTE

1. NAS REDES SOCIAIS USAMOS DIFERENTES EMOJIS, QUE SÃO SÍMBOLOS PARA EXPRESSAR SENTIMENTOS. COMPLETE OS CÍRCULOS COM EXPRESSÕES QUE SIMBOLIZEM AS PALAVRAS ESCRITAS ABAIXO DELES, FAZENDO CARINHAS.

   CADA EMOJI REPRESENTA UM SENTIMENTO:

| | | |
|---|---|---|
| ALEGRIA | TRISTEZA | MEDO |
| AMOR | CALMA | RAIVA |

2. ENUMERE AS FIGURAS DE ACORDO COM SEUS SÍMBOLOS.

Freepik

3. VOCÊ PARTICIPA DE ALGUMA RELIGIÃO? TEM ALGUM SÍMBOLO RELIGIOSO QUE CONHECE? DESENHE NO QUADRO ALGO QUE REPRESENTE AS COISAS SAGRADAS PARA VOCÊ.

1. VENENO
2. ALFABETO
3. SEMÁFORO
4. SÍMBOLOS SAGRADOS
5. PARTITURA MUSICAL
6. ADIÇÃO, SUBTRAÇÃO DIVISÃO E MULTIPLICAÇÃO

MEUS SÍMBOLOS SAGRADOS

Após realizarem as atividades, proponha um momento de partilha e uma conversa com os estudantes sobre os símbolos e o que eles comunicam. Explore, principalmente, os símbolos religiosos apresentados, destacando semelhanças, diferenças e significados.

## Abayomi, um presente precioso

A Abayomi é uma boneca de tiras de pano e nós, sem costura e sem cola, que se tornou um símbolo da resistência negra na cultura afro-brasileira. Para apresentar a lenda africana da Abayomi, sugere-se o seguinte vídeo.

**VÍDEO**

A LENDA da Abayomi – Conto africano. 1 vídeo (6 min.), 2021. Publicado pelo canal Projeto Dandara UFC.

Para saber como confeccionar a Abayomi e conhecer melhor a sua história, sugere-se, também, acessar os vídeos a seguir.

**VÍDEOS**

ABAYOMI – Boneca preta brasileira – Lena Martins. 1 vídeo (2 min.), 2020. Publicado pelo canal Lena Martins.

ABAYOMI – Documentário etnográfico. 1 vídeo (33 min.), 2019. Publicado pelo canal Observatório do Patrimônio Religioso UNIRIO.

SILVA, S. M. da. Experiência Abayomi: coletivos, ancestrais, femininos, artesaniando empoderamentos. In: ENECULT – ENCONTRO DE ESTUDOS MULTIDISCIPLINARES EM CULTURA, 5., 2009, Salvador. Anais eletrônicos [...]. Salvador: UFBA.

Explique que a boneca Abayomi é um símbolo que motiva a praticar o respeito às pessoas e à cultura afro-brasileira. Desperte nos estudantes a sensibilidade para com a simbologia apresentada a partir da bonequinha de pano. Para isso, distribua retalhos de tecido na cor preta e outros com estampas coloridas – há lojas que vendem novelos de malha em forma de tiras, sendo necessário apenas cortar as tiras para os braços e as pernas da boneca. Em seguida, com a ajuda dos vídeos indicados ou outros à sua escolha, auxilie os estudantes a confeccionarem a sua própria boneca.

Converse durante a confecção da boneca sobre objetos que se tornam símbolos para as pessoas, por marcarem expressivamente momentos de suas vidas. Mencione o fato de que as tradições religiosas também possuem objetos simbólicos associados a acontecimentos ou personagens que fazem parte de sua história.

Organize uma exposição das bonecas e, no fim, incentive os estudantes a oferecerem a sua Abayomi a alguém como um gesto de afeição e amorosidade. Lembre-os de que, simbolicamente, presentear alguém com uma Abayomi significa dar o que você tem de melhor.

## ATIVIDADE AVALIATIVA

Proponha aos estudantes elaborarem uma "nuvem de palavras", selecionando aquelas que sintetizam o estudo realizado com o roteiro. Distribua folhas de papel e canetinhas para a atividade.

Convide-os para apresentarem as suas nuvens de palavras e justificarem as escolhas. Essa atividade contribui para que os estudantes exponham os seus conhecimentos, sendo útil também como oportunidade para complementarem as suas nuvens com palavras mencionadas e explicadas pelos colegas.

# 2º Ano

# Símbolos religiosos

Maria Gisele Canário de Sousa[31]

Neste tema, propomos apresentar aos nossos estudantes os símbolos religiosos que integram a unidade temática "Identidades e alteridades". Pretendemos ampliar o conhecimento dos estudantes orientando-os para a valorização das representações simbólicas e incentivando o respeito às variadas experiências e manifestações religiosas, nas quais os símbolos fazem referência a saberes, crenças e valores. Ainda, visamos ampliar a compreensão das relações estabelecidas entre os símbolos e os seus impactos no cotidiano da sociedade.

É importante estar atento ao significado dos símbolos religiosos como parte integrante dos roteiros de estudo e atividades a seguir. Entre os diversos símbolos religiosos, selecionamos alguns para apresentar informações úteis ao trabalho com os estudantes:

## Cruz (cristianismo)

Símbolos muito parecidos com a cruz do cristianismo, que simboliza o Projeto de Jesus, já existiam em culturas anteriores ao movimento de Jesus. A cruz que conhecemos hoje foi adotada pelos cristãos somente no século IV, quando Constantino, imperador romano, destituiu as condenações na cruz. A cruz representa o movimento de Jesus, que superou a perseguição e a morte de cruz.

---

31 Mestra em Teologia com especialização em Exegese Bíblica pela Pontifícia Universidade Católica de São Paulo (PUC-SP), graduada em Geografia e Teologia, e graduanda em Filosofia pela Universidade Católica de Brasília (UCB). Autora de livros pela Editora Vozes e de materiais didáticos para a Uniasselvi e para a Estácio de Sá na área de Teologia. É assessora do Centro Bíblico Verbo, no qual colabora com a produção de materiais para estudos bíblicos; integrante de grupos de reflexão bíblica para *site* e redes sociais: Ministério da Palavra na voz das mulheres (Instituto Humanitas Unisinos) e grupo São Jerônimo; e professora de Ensino Religioso, Projeto de Vida e Geografia na Educação Básica.

## Hilal, a lua crescente com a estrela (islamismo)

Embora muitos religiosos islâmicos não se identifiquem com nenhum símbolo que possa representar a sua fé, a lua crescente com a estrela (hilal) faz parte do império turco-otomano e era cultuada pelos árabes nômades por conta de suas viagens à noite. Aos poucos, tornou-se o símbolo mais popular do islamismo. A lua crescente com a estrela está relacionada à dignidade, à soberania e à renovação da vida e da natureza.

## OM (hinduísmo)

O OM é a forma escrita, em sânscrito, do principal mantra hindu. Esses mantras são utilizados para auxiliar na meditação e são repetidos por meio de palavras, poemas e afins. O OM representa a divindade da criação, o Brahma.

## Dharmacakra, a roda da lei ou a roda do dharma (budismo)

A roda do dharma é representada como uma roda de biga com oito raios. É o símbolo budista mais antigo de que se tem conhecimento. No dharma, encerram-se todos os ensinamentos de Buda: os raios representam os oito passos ou práticas que constituem o nobre Caminho Óctuplo: compreensão correta; pensamento correto; fala correta; ação correta; meio de vida correto; esforço correto; atenção correta; e concentração correta.

## Yin-Yang (taoísmo)

Os chineses organizaram uma espécie de infográfico indicando a duração dos dias e das noites ao longo do ano, algo feito a partir das sombras projetadas pelo sol. Daí surge o yin-yang, que, literalmente, significa “lado escuro e lado claro da montanha”. Nessa perspectiva, o yin-yang é considerado pelos taoístas como as fases que se complementam no espaço e no tempo, protagonizando o equilíbrio entre os opostos no universo.

A seguir, indicamos algumas referências que podem favorecer o trabalho pedagógico.

## REFERÊNCIAS

CINCO coisas que você não sabia sobre o mantra OM. 1 vídeo (9 min.), 2022. Publicado pelo canal Camila Zen. Disponível em: https://www.youtube.com/watch?v=tec4AaaVn3Q. Acesso em: 18 jan. 2023.

QUEM são esses caras no brasão da minha cidade? 1 vídeo (7 min.), 2021. Publicado pelo Canal Exclave. Disponível em: https://www.youtube.com/watch?v=VvtsPePrq0U. Acesso em: 18 jan.2023.

TRINTA e dois sinais e símbolos no cristianismo. *Faculdade São Badílio Magno (Fasbam)* [c2011]. Disponível em: https://fasbam.edu.br/2020/07/08/32-sinais-e-simbolos-no-cristianismo/. Acesso em: 12 fev. 2023.

YÜN, H. (Mestre). Como compreender o nobre caminho óctuplo. *In*: YÜN, H. (Mestre). *Budismo significados profundos*. 2. ed. São Paulo: Escrituras Editora, 2011. Disponível em: https://www.templozulai.org.br/como-compreender-nobre-caminho-octuplo. Acesso em: 18 jan. 2023.

## ROTEIRO 01

| Título/tema | Sabedoria e crescimento: os símbolos expressam sentimentos |
|---|---|
| Unidade temática | Identidades e alteridades |
| Objeto de conhecimento | Memórias e símbolos |
| Habilidade(s) | (EF02ER04) Identificar os símbolos presentes nos variados espaços de convivência.<br>(EF02ER05) Identificar, distinguir e respeitar símbolos religiosos de distintas manifestações, tradições e instituições religiosas. |
| Previsão de horas/aula(s) | Quatro horas/aulas |
| Recursos | • Equipamento para projeção audiovisual com acesso à internet.<br>• Uma folha de papel A4 para cada estudante.<br>• Lápis de cor, canetinhas, purpurina e cola.<br>• Apresentação digital com símbolos diversos conhecidos pelos estudantes.<br>• Apresentação digital com os símbolos de diferentes tradições religiosas.<br>• Folha de papel A4 com símbolos variados, religiosos e não religiosos, para distribuir aos estudantes.<br>• Vídeo explicativo sobre o brasão da cidade do Rio de Janeiro.<br>• Imagens de brasões de famílias, como da família imperial brasileira e de outros países.<br>• Imagem impressa do brasão da cidade dos estudantes e informação sobre o seu significado. |

## OBSERVAÇÃO

**Atividade mobilizadora 1**

Dialogue com os estudantes sobre o fato de os símbolos comunicarem fatos e acontecimentos relacionados à nossa vida, mesmo que nem percebamos. Neles há uma linguagem própria, diferente do racional e do lógico. Há símbolos cuja simples imagem traz em si informações de pessoas, tradições religiosas, povos e países. Assim, o símbolo carrega em si um conhecimento que vai além da imagem, do objeto ou da indumentária que os nossos olhos captam, remetendo-nos a um significado.

Crie uma apresentação (no Canva ou em outra ferramenta digital) de símbolos que façam parte da realidade dos estudantes, como escudos de times de futebol, *slogans* de empresas conhecidas, placas de trânsito ou de estabelecimentos (escolas, hospitais etc.), dentre outros. Peça para que os estudantes tentem identificá-los. Após a apresentação, questione se esses símbolos podem facilitar a nossa vida no dia a dia.

Leve os estudantes a compreenderem que o simbólico nos ajuda a transcender o aspecto da aparência de algo, que vai além do que se vê concretamente. O símbolo assume, entre os humanos, uma importância singular, pois sem ele seria difícil se comunicar diante de toda a sua expressividade.

Na matemática, por exemplo, temos símbolos de adição (+), subtração (–), multiplicação (×), igualdade (=) e outros que articulam as operações e são reconhecidos por pessoas de qualquer nacionalidade. E cada um desses símbolos possui um significado. Pode-se apresentar outros símbolos matemáticos e dizer que os estudantes aprenderão o significado deles em aulas futuras.

**Atividade mobilizadora 2**

Comente que, antigamente, existiam os brasões, que eram dados aos guerreiros como uma espécie de homenagem por suas vitórias. Com o passar do tempo, esses símbolos se transformaram em algo para representar famílias e identificar o seu *status*.

Apresente aos estudantes o vídeo a seguir, sobre o brasão que representa a cidade do Rio de Janeiro.

**VÍDEO**

SÍMBOLOS da cidade | Brasão. 1 vídeo (2 min.), 2015. Publicado pelo canal MultiRio.

Converse sobre como o brasão de um lugar pode ressaltar características que o representam. Esclareça dúvidas e explique que há também brasões que representam certas famílias, sobrenomes. Se possível, mostre aos estudantes o brasão da família imperial do Brasil e de outros países.

Distribua aos estudantes o brasão da cidade onde moram. Oriente-os para, com a ajuda de suas famílias, pesquisarem informações sobre o brasão da cidade. Disponibilize um momento para a partilha das descobertas, relacionando os achados com a experiência dos estudantes como habitantes da cidade.

Para finalizar, peça aos estudantes que criem um brasão para representar a sua família. Oriente aos estudantes para pesquisarem na internet como fazer os brasões. Distribua folhas de papel, lápis de cor, canetinhas, purpurina e cola. Nessa criação, é importante que os detalhes tenham algum significado: formato, cores, imagens etc. Deixe-os partilharem as suas criações com os colegas, explicando o que cada elemento representa. Peça que levem o brasão para casa e o mostrem aos familiares, explicando o seu significado. Oriente-os a trazerem o brasão novamente para que, em seu retorno, compartilhem as experiências da partilha com as famílias e montem um mural com as produções.

Convide os estudantes a observarem os brasões e conversarem sobre as suas diferenças e semelhanças, tanto de imagens quanto de significados atribuídos aos detalhes. Observe se há elementos religiosos nas produções dos estudantes, destaque-os e converse sobre eles.

## IDENTIFICAÇÃO E ANÁLISE

Retome o que aprenderam anteriormente por meio de um questionamento: "O que aprendemos no estudo anterior?" Faça uma retrospectiva e explique que entenderão, agora, um pouco mais dos símbolos religiosos.

Comente que os símbolos religiosos fazem parte das tradições religiosas – de seus momentos celebrativos e/ou de práticas religiosas–, podendo identificar uma determinada experiência religiosa. Em outras palavras, pode-se dizer que são uma representação visual do sagrado. Os símbolos religiosos apontam para algum fato ou personagem importante para a tradição religiosa. Jamais podemos esquecer que, ao desprezarmos um símbolo religioso, estamos ofendendo a cultura de um povo.

Elabore uma apresentação digital com os símbolos de diferentes tradições religiosas explicando aos estudantes o seu significado.

Solicite que os estudantes, em duplas, criem um jogo da memória com os símbolos das diferentes tradições religiosas apresentadas.

- Passo 1 – Desenhar e colorir dois símbolos de cada tradição religiosa apresentada.
- Passo 2 – Jogar e se divertir.
- Passo 3 – Ao fim de cada partida, trocar as duplas e os símbolos.

**IMPORTANTE**

Sempre que cada par de desenhos for encontrado, quem os desenhou deve explicar ao colega de jogo o significado do símbolo. Acompanhe esse processo e, se necessário, faça as devidas intervenções.

Pode-se sugerir uma atividade para casa. Solicite aos estudantes que pesquisem algo significativo para a família, como um objeto que pertenceu a algum antepassado ou uma foto – deve ser algo que, de alguma forma, represente a família. Peça que façam um desenho ou fotografem esse símbolo para apresentá-lo aos colegas, descrevendo por que é importante e representativo para sua família.

## APROPRIAÇÃO E RESSIGNIFICAÇÃO

### Crescendo e aprendendo acerca dos símbolos

Converse com os estudantes mencionando que, até agora, aprenderam símbolos religiosos e outros símbolos que fazem parte de suas vidas e história.

Distribua uma folha de papel com símbolos variados para cada estudante e peça que identifiquem dois símbolos religiosos e dois não religiosos. Podem identificá-los pintando ou apenas circulando os símbolos em questão. Em seguida, incentive os estudantes a apresentarem o que identificaram e explicarem se conhecem o significado dos símbolos. Sugere-se que, durante a partilha, os símbolos religiosos não identificados também sejam apresentados aos estudantes.

Após a socialização, proponha uma excursão pela escola para identificar os símbolos que podem ser encontrados e os seus significados. Converse e reflita com os estudantes, ao longo das paradas pela escola, a respeito do que já sabem sobre os símbolos, quais deles são ou não religiosos, por quais motivos há ou não símbolos religiosos na escola. Mencione se observaram alguma pessoa usando símbolos religiosos. Essa experiência possibilita aos estudantes reconhecerem a presença da diversidade no espaço escolar. Destaque a importância de respeitar os símbolos das instituições como a escola, a família e as tradições religiosas.

## Avaliando sobre o que aprendemos acerca dos símbolos

Converse com os estudantes sobre o que aprenderam a respeito dos símbolos religiosos, destacando ser uma das formas de comunicação mais antiga entre os seres humanos e um meio pelo qual nos comunicamos, transmitimos mensagens, convicções, histórias e sentimentos. Mencione que os símbolos religiosos estabelecem os laços comunitários, pois transmitem conteúdos e formam uma identidade comum entre os membros de um grupo, uma comunidade, uma tradição religiosa e outra a que o símbolo esteja relacionado. Os símbolos estão nas diferentes religiões e fora delas.

Reforce a importância de respeitar os símbolos religiosos, pois, como aprendemos, dizem muito a respeito da cultura dos diferentes povos.

### ATIVIDADE AVALIATIVA

Oriente-os a escreverem um pequeno texto relatando o que aprenderam sobre os símbolos religiosos e por que se deve respeitá-los. Esta atividade avaliativa pode ser realizada de modo interdisciplinar com o componente Linguagens, disposto na BNCC[32] (2018): "**(EF02LP14)** Planejar e produzir pequenos relatos de observação de processos, de fatos, de experiências pessoais, mantendo as características do gênero, considerando a situação comunicativa e o tema/assunto do texto".

Os textos podem ser socializados em um seminário, por meio de uma leitura a toda a turma. Valide os elementos individuais de cada texto, ressaltando os aspectos religiosos e realizando complementos.

32 BRASIL. Ministério da Educação. *Base Nacional Comum Curricular* (BNCC): educação é a base. Brasília: CNE/CEB, 2018. Disponível em: http://basenacionalcomum.mec.gov.br/images/BNCC_EI_EF_110518_versaofinal_site.pdf. Acesso em: 1º maio 2023.

# Espaços e territórios religiosos

Daniela Aparecida Tomazini[33]

O tema "Espaços e territórios religiosos" será o nosso objeto de conhecimento a ser explorado nos roteiros de estudo e atividades. Vamos tratar sobre a necessidade que o ser humano tem de destinar espaços específicos para o encontro com a sua sacralidade. Vemos, nas mais diversas culturas, que, desde a pré-história, diferentes civilizações constroem e/ou determinam espaços destinados ao culto religioso, ao encontro com o transcendente, com a divindade.

Os espaços e os territórios religiosos são assim determinados por homens e mulheres que destinam espaços da natureza – como cachoeiras, rios, florestas, montes etc. – ou construídos com finalidade religiosa – como igrejas, mesquitas, sinagogas, casas de reza, terreiros etc. – para realizar os seus ritos, as suas práticas e, assim, fortalecer o sentido de pertencimento a uma comunidade, transmitindo os seus valores e as suas crenças e possibilitando que os seus fiéis se sintam mais próximos do divino.

Um espaço ou um território religioso é permeado de simbologia, sendo também onde aqueles que creem professam sua fé.

33 Licenciada e mestra em Ciências Sociais pela Universidade Federal de Uberlândia (UFU), especialista em Docência na Educação Superior e em Ciências da Religião também pela UFU. É professora de Ensino Religioso na rede municipal de Uberlândia e na rede privada de educação, no Instituto Teresa Valse.

Sugerimos, a seguir, materiais que podem contribuir para o trabalho pedagógico.

## SUGESTÕES

CONHEÇA 20 lugares sagrados com arquitetura deslumbrante. *National Geographic*, 2018.

ENSINO Religioso: os espaços e os lugares sagrados. 1 vídeo (3 min.), 2022. Publicado pelo canal Professor, profissão amor e coragem.

ESPAÇOS sagrados: os significados dos locais de cultos. 1 vídeo (52 min.), 2016. Publicado em TvBrasil.

## ROTEIRO 01

| Título/tema | Lugares religiosos |
|---|---|
| Unidade temática | Identidades e alteridades |
| Objeto de conhecimento | Espaços e territórios religiosos |
| Habilidade(s) | (EF03ER01) Identificar e respeitar os diferentes espaços e territórios religiosos de diferentes tradições e movimentos religiosos.<br>(EF03ER02) Caracterizar os espaços e os territórios religiosos como locais de realização das práticas celebrativas. |
| Previsão de horas/aula(s) | Uma hora/aula |
| Recursos | • Equipamento para projeção audiovisual com acesso à internet.<br>• Imagens de diferentes espaços: casa, escola, hospital, loja, clube, shopping, cadeia, universidade etc.<br>• Imagens de espaços sagrados: igrejas, mesquitas, sinagogas, templos, terreiros etc.<br>• Atividade impressa: "Qual é o seu espaço religioso?".<br>• Tarjas de papel (seis para cada estudante) e canetinhas.<br>• Papel kraft e cola. |

## OBSERVAÇÃO

### Atividade mobilizadora 1

Para começar a refletir sobre espaços e territórios religiosos, leve para a sala de aula imagens de diferentes espaços: casa, escola, hospital, loja, clube, shopping, cadeia, universidade (se não conseguir levar as imagens, pode optar por escrever/desenhar na lousa).

Pergunte aos estudantes sobre esses espaços: quem os frequenta? Para que servem? Explique que cada espaço social tem uma função e que são lugares destinados a atender às necessidades e aos interesses da população.

Após esse primeiro momento de reflexão, mostre para os estudantes espaços religiosos: igrejas, mesquitas, sinagogas, templos, terreiros (se possível, mostre imagens de lugares, espaços e territórios religiosos da própria cidade/região). Essa proposta é para introduzir o conceito de espaço e território religioso. Explique que, ao longo da história, as pessoas sempre procuraram diferentes espaços para se conectarem com as suas divindades, com o que é sagrado. Aproveite esse momento para reforçar e/ou apresentar o conceito de sagrado.

## IDENTIFICAÇÃO E ANÁLISE

### Atividade mobilizadora 2

Converse com os estudantes sobre a variedade de lugares religiosos. Deixe claro que cada um de nós pode ter o seu espaço religioso de acordo com a tradição a que pertence.

Para os povos primitivos, toda natureza era vista como sagrada. As tradições afro-brasileiras e indígenas ainda guardam essa crença. E, embora candomblé e a umbanda, por exemplo, possuam terreiros e barracões, muitos de seus rituais, de suas práticas religiosas, acontecem ao ar livre, em meio a matas, florestas, rios, cachoeiras, praias...

Para outros povos e tradições religiosas, o espaço religioso é uma construção destinada, exclusivamente, para o culto religioso. Exemplos disso são as sinagogas, as igrejas e as mesquitas. Nos espaços religiosos são guardados objetos, livros, textos e símbolos.

Para ilustrar a temática, sugerimos que apresente *slides* de diferentes espaços e lugares religiosos das seguintes tradições: cristianismo, islamismo, judaísmo, afro-brasileiras, budismo, espiritismo, indígenas e outras que considerar importantes para a sua realidade.

## APROPRIAÇÃO E RESSIGNIFICAÇÃO

Os espaços e os territórios religiosos são destinados ao culto religioso. São lugares onde os seguidores de uma determinada religião se reúnem para fazer as suas celebrações, os ritos, as orações, as preces e as meditações, além de aprender mais sobre a sua crença religiosa, fortalecer a sua fé e os laços de pertencimento à comunidade religiosa.

### Qual é o seu espaço religioso?

Lugares religiosos são aqueles onde nos sentimos mais acolhidos e próximos do transcendente, da divindade. Você ou alguém que você conheça frequenta algum espaço religioso? Faça um desenho bem bonito representando o espaço religioso da sua tradição religiosa ou um espaço que você considera sagrado.

Sugere-se uma atividade para ser realizada em casa. Peça aos estudantes para trazerem fotos, imagens ou desenhos de espaços religiosos da cidade e da região em que moram. Organize com os estudantes uma exposição dessas produções, realizando um momento de diálogo para que todos possam compartilhar se já conheciam esses espaços ou não.

## ATIVIDADE AVALIATIVA

Oriente os estudantes a elaborarem seis frases em tarjas de papel para compor um mural-síntese sobre o que aprenderam com o estudo. Distribua as tarjas de papel e as canetinhas para que as frases sejam escritas, e disponibilize papel kraft para o mural.

Após escreverem as frases e organizarem o mural, conversem sobre elas, identificando semelhanças e diferenças na compreensão do estudo. Se necessário, complemente a síntese com frases coletivas elaboradas no decorrer da reflexão.

## ROTEIRO 02

| Título/tema | **Lugares sagrados naturais e lugares sagrados construídos** |
|---|---|
| Unidade temática | Identidades e alteridades |
| Objeto de conhecimento | Espaços e territórios religiosos |
| Habilidade(s) | (EF03ER01) Identificar e respeitar os diferentes espaços e territórios religiosos de diferentes tradições e movimentos religiosos.<br>(EF03ER02) Caracterizar os espaços e os territórios religiosos como locais de realização das práticas celebrativas. |
| Previsão de horas/aula(s) | Duas horas/aulas |
| Recursos | • Equipamento para projeção audiovisual com acesso à internet.<br>• Atividade impressa: "Lugares e espaços sagrados".<br>• "Carta do Cacique Seattle", em vídeo ou texto escrito (disponível na internet).<br>• Atividade impressa: "Natureza".<br>• Material reciclável para a confecção de maquetes (pode-se usar papelão ou tampas de caixas como base).<br>• Meia folha de papel A4 para cada grupo de estudantes que produziu uma maquete. |

## OBSERVAÇÃO

### Atividade mobilizadora 1

Se partimos do princípio partilhado pelas mais diversas crenças de que a natureza é criação divina, podemos afirmar que toda natureza é sagrada e que tudo, portanto, é sagrado. Para as religiões monoteístas, Deus é onipresente, então Ele está presente em todos os lugares. De acordo com essa perspectiva religiosa, podemos reafirmar que, para os seus seguidores, todos os lugares são sagrados.

A natureza é sagrada. Rios, montanhas, mares, cachoeiras, florestas, enfim, tudo é sagrado, e muitos desses espaços são reservados ao culto religioso. O Rio Ganges, por exemplo, é sagrado para os hindus; a Floresta Amazônica, para os povos indígenas; as cachoeiras, para os umbandistas e os candomblecistas; dentre outros. No entanto, as pessoas, ao longo da história, também construíram espaços específicos para as suas práticas religiosas, lugares onde se sentem mais próximas e conseguem se concentrar melhor para se conectarem com o divino, o transcendente.

Contextualize para os estudantes essa realidade e diferencie o espaço religioso natural e o espaço religioso construído.

## IDENTIFICAÇÃO E ANÁLISE

Explore com os estudantes os espaços religiosos considerados sagrados, de diferentes tradições religiosas, enquanto lugares especiais para realizarem as suas práticas, como cultos, missas, orações, celebrações, bençãos e outras. Converse sobre quais práticas conhecem ou já ouviram falar que ocorrem nos espaços sagrados das tradições religiosas. Apresente aquelas que envolvem celebrações relacionadas a nascimentos, casamentos e outros momentos importantes. Mencione a diversidade de espaços como sinal da diversidade religiosa. Sobre isso, explore o que os estudantes sabem e complemente as informações destacando aspectos dos espaços de diversas tradições religiosas.

Conduza a atividade como processo de ensino-aprendizagem que possibilita identificar e reconhecer os espaços, a sua importância e o que neles acontece. Sugere-se realizar a atividade a seguir ou outra semelhante que favoreça as habilidades de identificação e interpretação de espaços religiosos.

## LUGARES E ESPAÇOS RELIGIOSOS

1. O que são lugares e os espaços religiosos? Qual é a sua importância?

________________________________________
________________________________________
________________________________________
________________________________________
________________________________________
________________________________________
________________________________________
________________________________________

2. Sobre os lugares e espaços religiosos, é correto afirmar que:

   a. (   ) os lugares religiosos são destinados ao culto religioso.

   b. (   ) os espaços religiosos permitem que os fiéis se sintam mais próximos da divindade.

   c. (   ) há religiões que não possuem um lugar destinado ao culto religioso.

   d. (   ) os lugares e os espaços religiosos devem ser respeitados por todas as pessoas.

3. Complete a cruzadinha preenchendo, corretamente, o nome dos espaços religiosos das respectivas tradições religiosas.

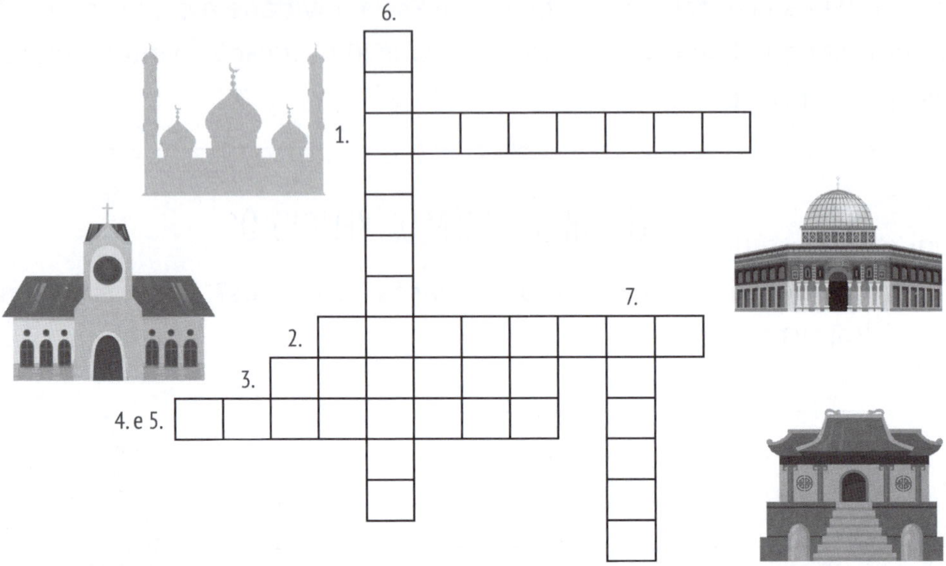


**Horizontal**

1. Lugar religioso e sagrado para os judeus
2. Lugar religioso e sagrado para os muçulmanos
3. Lugar religioso e sagrado para os cristãos
4. Lugar religioso e sagrado para os umbandistas
5. Lugar religioso e sagrado para os candomblecistas

**Vertical**

6. Lugar religioso e sagrado de alguns povos indígenas
7. Lugar religioso e sagrado dos hindus e dos budistas

4. O espaço religioso tem o objetivo de proporcionar aos fiéis um lugar adequado para realizarem as suas práticas celebrativas e fortalecerem os valores e as crenças religiosas. Há espaços religiosos naturais e espaços construídos. Cite o nome de:

| Rios sagrados | Cidades sagradas | Montanhas sagradas | Templos sagrados |
|---|---|---|---|
| | | | |

5. Qual deve ser o nosso comportamento, ou seja, a nossa postura diante de espaços religiosos?

______________________________________________________

______________________________________________________

## APROPRIAÇÃO E RESSIGNIFICAÇÃO

Mencione aos estudantes que já aprenderam que a natureza é um espaço religioso para as diferentes tradições religiosas. Cuidar e proteger a natureza é a única forma de sobrevivermos.

Apresente aos estudantes, em vídeo ou texto escrito, a "Carta do Cacique Seattle", facilmente encontrada na internet. A seguir, indicamos onde encontrá-la:

**VÍDEOS**

A CARTA do Cacique Seattle, em 1855. 1 vídeo (8 min.), 2017. Publicado pelo canal Cursos ATG.

**SUGESTÃO DE LEITURA**

A CARTA do Cacique Seattle, em 1855. Universidade Estadual Paulista (Unesp) – Faculdade de Ciências, Tecnologia e Educação – Campus de Ourinhos, [c2012].

Após a apresentação da carta (escrita ou em vídeo), converse com os estudantes orientando-se pelas perguntas:

- Por que a natureza é vista como elemento sagrado para as diferentes crenças?
- Quais ações do ser humano têm destruído a natureza?
- O que fazer para proteger e cuidar desse espaço sagrado?

A partir desse diálogo de aquecimento, entregue aos estudantes a atividade a seguir ou outra semelhante que favoreça o aprofundamento da reflexão proposta.

## NATUREZA

O sagrado está em toda parte.

- Por que a natureza é sagrada?
- O que fazemos que destrói a natureza?
- Como se tornar um protetor da natureza?
- Quais os espaços naturais que você mais gosta?

Freepik

## ATIVIDADE AVALIATIVA

Propomos uma atividade interdisciplinar com o componente Arte, disposto na BNCC[34] (BRASIL, 2018): "**(EF15AR23)** Reconhecer e experimentar, em projetos temáticos, as relações processuais entre diversas linguagens artísticas". Para isso, distribua recursos para a produção de maquetes com objetos recicláveis, podendo usar papelão ou tampas de caixas como base.

Solicite aos estudantes que se organizem em grupos. Oriente cada grupo a produzir, com objetos recicláveis, maquetes que representem igrejas, sinagogas, mesquitas, terreiros, casas de reza, templos etc. A cada grupo, destine um espaço religioso diferente.

Distribua meia folha de papel aos grupos e oriente os estudantes a escreverem uma ficha apresentando, com relação à sua maquete, o nome do espaço religioso e a tradição à qual pertence. No fim, organize uma bonita exposição das maquetes.

34 BRASIL. Ministério da Educação. *Base Nacional Comum Curricular (BNCC)*: educação é a base. Brasília: CNE/CEB, 2018. Disponível em: http://basenacionalcomum.mec.gov.br/images/BNCC_EI_EF_110518_versaofinal_site.pdf. Acesso em: 1º maio 2023.

# Espaços e territórios religiosos

Maria Gisele Canário de Sousa[35]

Com o objeto de conhecimento "Espaços e territórios religiosos", objetivamos proporcionar aos estudantes uma compreensão ampliada dos espaços considerados sagrados na sociedade. Os espaços religiosos são facilmente identificados bem perto de nós, no nosso bairro e na nossa cidade. É importante salientar que esses espaços são criações da cultura humana, por isso há diversidade nas práticas sagradas e religiosas, e todas devem ser aceitas e respeitadas. Além disso, é necessário destacar também que o modo diferente de crer e praticar religiosidades faz com que as culturas humanas construam as suas próprias edificações, produzindo modos próprios de vivenciarem a sua fé.

É importante manter-se atento ao conceito de sagrado. A palavra "sagrado" provém do latim *sacrum*, referindo-se aos deuses e seus poderes. É um termo típico das religiões monoteístas, compreendido como algo digno de respeito e devoção espiritual. Os objetos de devoção ou prática espiritual são considerados sagrados, como o culto aos deuses ou serviços. Em contextos não espirituais, "sagrado" pode ser usado em constituições como verdades sagradas.

Sagrado também pode ser atribuído a uma pessoa considerada santa ou a objetos usados em ritos/cultos espirituais. Nessa perspectiva,

35 Mestra em Teologia com especialização em Exegese Bíblica pela Pontifícia Universidade Católica de São Paulo (PUC-SP), graduada em Geografia e Teologia, e graduanda em Filosofia pela Universidade Católica de Brasília (UCB). Autora de livros pela Editora Vozes e de materiais didáticos para a Uniasselvi e para a Estácio de Sá na área de Teologia. É assessora do Centro Bíblico Verbo, no qual colabora com a produção de materiais para estudos bíblicos; integrante de grupos de reflexão bíblica para *site* e redes sociais: Ministério da Palavra na voz das mulheres (Instituto Humanitas Unisinos) e grupo São Jerônimo; e professora de Ensino Religioso, Projeto de Vida e Geografia na Educação Básica.

o sagrado é compreendido como todo e qualquer objeto, que pode ser abstrato ou concreto, ao qual se atribui uma espécie de força sobrenatural sob a qual os humanos se consideram inferiores.

A seguir, indicamos algumas referências que podem favorecer o trabalho pedagógico.

## REFERÊNCIAS

GIL FILHO, S. F. O sagrado e a religião. *Dia a dia educação,* [c2023]. Disponível em: http://www.educadores.diaadia.pr.gov.br/arquivos/File/2010/artigos_teses/ENSINORELIGIOSO/artigos/o_sagrado_e_a_religiao.pdf. Acesso em: 18 jan. 2023.

GROSS, E. Contribuição das definições do sagrado de Rudolf Otto e Mircea Eliade para o estudo da literatura. *Revista Graphos*, v. 19, n. 1, 2017, UFPB/PPGL. Disponível em: https://periodicos.ufpb.br/index.php/graphos/article/view/35011/17848. Acesso em: 18 jan. 2023.

## ROTEIRO 01

| Título/tema | Conhecer para respeitar |
|---|---|
| Unidade temática | Identidades e alteridades |
| Objeto de conhecimento | Espaços e territórios religiosos |
| Habilidade(s) | (EF03ER01) Identificar e respeitar os diferentes espaços e territórios religiosos de diferentes tradições e movimentos religiosos.<br>(EF03ER02) Caracterizar os espaços e os territórios religiosos como locais de realização das práticas celebrativas. |
| Previsão de horas/aula(s) | Quatro horas/aulas |
| Recursos | • Equipamento para projeção audiovisual com acesso à internet.<br>• Folhas de papel A4 e recursos para desenho aos estudantes.<br>• Imagens de lugares sagrados para as tradições religiosas.<br>• Sites oficiais ou aplicativos para realizar visita *on-line* a lugares sagrados.<br>• Cartolina ou papel kraft para cada grupo de estudantes organizar os resultados de sua pesquisa.<br>• Folha de papel A4 para cada estudante realizar uma entrevista na escola, na atividade de avaliação. |

## OBSERVAÇÃO

Dialogue com os estudantes pontuando os seguintes aspectos:

- Você já deve ter parado para pensar que, desde pequenos, somos ensinados sobre objetos ou lugares considerados sagrados. Daí nos surge uma pergunta: "O que é sagrado?" Se pesquisarmos no dicionário, veremos que o termo "sagrado" está relacionado a algo sobre Deus (monoteísmo) ou as divindades (politeísmo), e está unido a uma religião, a seus ritos e cultos. Mas também pode ser entendido como algo digno de veneração, ligado a coisas que não vemos, como os sentimentos. O sagrado está em todas as pessoas, não importando a tradição religiosa ou a cultura.

Após o diálogo inicial, peça que os estudantes criem desenhos do que eles consideram sagrado em suas vidas. Lembre-se de que o sagrado pode ir além das experiências religiosas, por isso deve-se valorizar a compreensão plural de sagrado dos estudantes. É importante, caso os estudantes já tenham em anos anteriores realizado atividade similar, propor que relembrem o que desenharam anteriormente e o que há de diferente em sua compreensão após os estudos e os conhecimentos adquiridos no Ensino Religioso.

Promova a socialização dos desenhos criados pelos estudantes.

Para finalizar, oriente-os a levarem os desenhos confeccionados na aula para casa e, junto à família, criarem outro desenho que simbolize o sagrado da família. Peça para trazerem a produção de sua família na próxima aula para socializarem com a turma.

Os desenhos individuais e os produzidos na família poderão integrar um mural titulado: "O nosso sagrado".

## IDENTIFICAÇÃO E ANÁLISE

Comente que sabemos que as religiões estabelecem lugares como religiosos e sagrados. O lugar onde fazem os seus rituais e em que se concretizam as suas manifestações é considerado muito especial. É nesse lugar que o adepto da tradição religiosa busca aprofundar e desenvolver a sua espiritualidade e crença. Determinadas culturas religiosas, como as indígenas, possuem uma relação profunda com o sagrado no seu dia a dia.

Crie uma apresentação (no Canva ou em outra plataforma) com imagens de espaços e lugares que são considerados sagrados pelas tradições religiosas, em diversas cidades e/ou países. Exemplos: casas de reza da população indígena, igrejas dos cristãos, mesquitas islâmicas, sinagogas dos judeus, terreiros do candomblé e umbanda, *ashrams* e templos hinduístas.

Faça comentários sobre alguns espaços religiosos, considerados sagrados pelas tradições religiosas. Sugere-se falar da árvore Baobá, considerada sagrada para os candomblecistas e trazida ao Brasil pelos negros no período da escravidão. É uma árvore que vive entre 700 e mil anos, por isso é chamada "árvore da vida" pelos candomblecistas. Pode-se falar, também, do caminho rumo a Santiago de Compostela, na Espanha, que é considerado sagrado porque as pessoas que o trilham acreditam que, nesse processo, ocorre uma transformação interior.

Pode-se dizer, ainda, que algumas cidades são consideradas sagradas, como Meca, na Arábia Saudita, para onde todo islâmico deve peregrinar pelo menos uma vez na vida. Jerusalém também é considerada uma cidade sagrada por três religiões monoteístas: judaísmo, cristianismo e islamismo. A cidade construída pelos incas Machu Picchu, no Peru, também é considerada sagrada. Destaque que, no Brasil, uma cidade reconhecida como sagrada é Aparecida do Norte, em São Paulo, onde está o Santuário Nacional de Aparecida (Santuário de Nossa Senhora da Conceição Aparecida). Ele é considerado o maior santuário do mundo dedicado à Maria, a mãe de Jesus. Esse espaço, como lugar religioso e sagrado, recebe, todos os anos, milhões de visitantes vindos de todas as partes do Brasil e do mundo. Da mesma forma, podem ser sagradas capelas, casas e túmulos de algumas pessoas que, para muitos, são capazes de agir sobre a vida dos vivos – o túmulo de Chico Xavier, da tradição espírita, é um exemplo.

Em Bali, na Indonésia, por exemplo, as montanhas – e mesmo os vulcões – são considerados como a casa dos deuses. No Brasil, no Pico da Neblina, no Amazonas, localiza-se o ponto mais alto do país (com 2.993 metros de altitude). Esse é um lugar considerado sagrado para os indígenas Yanomami.

Organize e realize com os estudantes uma visita *on-line* às cidades sagradas mencionadas durante a aula. Utilize o Google Earth, o mapa-múndi ou *sites* oficiais dos lugares localizados nessas cidades.

Divida os estudantes em grupos e peça que realizem uma pesquisa. Em uma cartolina ou papel kraft, deverão apresentar um roteiro de viagem a espaços religiosos e/ou sagrados em uma cidade específica. Distribua entre os grupos os lugares que deverão pesquisar. Oriente-os a pedir ajuda às famílias para indicarem: pontos turísticos religiosos, história desses lugares, onde se localizam, qual roteiro seria possível fazer na cidade para visitá-los e motivos que levam as pessoas a esses lugares.

Comente que não é preciso pesquisarem custos ou quantos dias seriam necessários para visitar esses lugares. O objetivo é apenas indicá-los como rota de viagem a quem se interessar em conhecê-los e destacar a sua importância para as pessoas que pertencem à tradição religiosa.

Os resultados da pesquisa devem ser organizados com ilustrações ou desenhos em cartolina e/ou papel kraft, para que cada grupo apresente o seu roteiro de viagem à turma. Após as apresentações, os roteiros podem ser expostos em um espaço da escola.

## Estudo do meio

Organize uma visita a lugares religiosos considerados sagrados do bairro ou da cidade onde a sua escola está localizada. Caso seja possível, escolha junto aos estudantes o local a ser visitado e prepare previamente o que poderá ser identificado na visita, de acordo com os conceitos estudados.

## Atividade de sistematização

Explique aos estudantes que aprenderam até aqui que a compreensão sobre o sagrado é ampla, pois ela é interpretada de diferentes formas pelas culturas humanas.

Solicite que saiam pela escola e entrevistem os funcionários ou estudantes de outras turmas sobre o que eles consideram sagrado.

Para essa atividade, oriente os estudantes a, primeiro, planejarem e escreverem as perguntas que serão realizadas na entrevista, para sua melhor organização. Ajude-os na seleção das perguntas, sendo o ideal no máximo três, para evitar dificuldades na aplicação da pesquisa. Essa atividade poderá ser desenvolvida interdisciplinarmente com as áreas de Linguagens e Ciências Humanas, Geografia e História, com as habilidades propostas na BNCC[36] (BRASIL, 2018):

- **(EF15AR25)** Conhecer e valorizar o patrimônio cultural, material e imaterial, de culturas diversas, em especial a brasileira, incluindo-se suas matrizes indígenas, africanas e europeias, de diferentes épocas, favorecendo a construção de vocabulário e repertório relativos às diferentes linguagens artísticas.

36 BRASIL. Ministério da Educação. Base Nacional Comum Curricular (BNCC): educação é a base. Brasília: CNE/CEB, 2018. Disponível em: http://basenacionalcomum.mec.gov.br/images/BNCC_EI_EF_110518_versaofinal_site.pdf. Acesso em: 1º maio 2023.

- **(EF03GE01)** Identificar e comparar aspectos culturais dos grupos sociais de seus lugares de vivência, seja na cidade, seja no campo.
- **(EF03HI04)** Identificar os patrimônios históricos e culturais de sua cidade ou região e discutir as razões culturais, sociais e políticas para que assim sejam considerados.
- **(EF03HI05)** Identificar os marcos históricos do lugar em que vive e compreender os seus significados.

Promova a socialização das respostas obtidas por meio das entrevistas. Considere como critérios de avaliação as sugestões: perguntas organizadas de acordo com os conceitos estudados; capacidade de socializar as perguntas e as respostas de acordo com o que foi coletado nas entrevistas; respeito dos estudantes às respostas dos entrevistados.

## ATIVIDADE AVALIATIVA

Oriente os estudantes a imaginarem que precisam fazer uma reportagem sobre o que aprenderam com o estudo. Solicite que reúnam as principais informações de sua aprendizagem e as organizem em um recurso físico, como papel kraft, ou digital para apresentar aos colegas.

**EDITORA VOZES LTDA.**
**Rua Frei Luís, 100 – Centro – Cep 25689-900 – Petrópolis, RJ**
**Tel.: (24) 2233-9000 – E-mail: vendas@vozes.com.br**